MADAME LA MARQUISE

DE POMPADOUR.

COULOMMIERS. — IMPRIMERIE DE A. MOUSSIN.

MADAME LA MARQUISE

DE

POMPADOUR

PAR

M. CAPEFIGUE

PARIS

AMYOT, ÉDITEUR, 8, RUE DE LA PAIX

—

MDCLVIII

Le nom de la marquise de Pompadour se lie à l'histoire de l'art et aux plus gracieuses élégances de la littérature du XVIIIe siècle; c'est environnée de Boucher, de Vien, de Greuze, de Vanloo, du premier des Vernet pour les arts, de Voltaire, de Montesquieu, de Bernis, de Favart pour la littérature, que madame de Pompadour se présente à la postérité.

Noble artiste elle-même, la Marquise a laissé toute une belle œuvre de dessins, de pierres gravées qu'on dirait recueillies à Pompéïa. Au point de vue politique, madame de Pompadour exerça une grande influence en Europe.

Le but de l'auteur a été de réfuter par

les pièces authentiques toutes les calomnies répandues contre la Marquise dans les pamphlets écrits en Angleterre, en Hollande et en Prusse, et qui ont été acceptées comme des vérités, par toute une école d'historiens.

Je mets cette étude sous la protection des artistes que madame de Pompadour aima. Je la place sous la noble main de quelques esprits d'élite qui ont gardé le goût des reliques inimitables des salons de la marquise de Pompadour.

Notre génération de travailleurs et de juifs errants doit avoir besoin quelquefois de se reposer ; qu'elle écoute donc ce livre comme une de ces vieilles histoires du temps passé que les grand'mères content à notre enfance, belle légende sur une époque de loisir et d'esprit gracieux, à laquelle on s'attache comme à un Watteau retrouvé. Je n'ai ni le désir ni la prétention de changer les opinions, ni les intérêts de mon temps ; chaque génération a ses mérites, sa destinée : mais je voudrais un peu plus de justice pour le passé et surtout pour le règne de Louis XV qui donna la Lorraine et la Corse à la France. Je voudrais qu'on cessât de déclamer contre ce noble esprit gentilhomme, le plus beau fleuron de nos annales nationales.

Qu'on me pardonne si je préfère ce point de vue de l'histoire à l'éloge des émeutes de serfs, des séditions d'hôtel-de-ville, des procès-verbaux d'Assemblées, et des maussades oppositions. A tout prendre, j'ai plus de goût pour les souvenirs des œuvres d'art de madame la marquise de Pompadour que pour les pédantes dissertations de madame Roland sur la politique et la philosophie.

Marly, avril 1858.

MADAME LA MARQUISE
DE POMPADOUR.

I

1740-1745.

La campagne des Flandres, couronnée par la bataille de Fontenoy, fut l'époque brillante du règne de Louis XV : le Roi avait alors quarante ans ; il venait de se couvrir de gloire à la tête de sa maison militaire : mousquetaires noirs et gris, chevaux-légers, grenadiers de France, gardes françaises et suisses ; partout il avait montré le courage du digne chef des gentilshommes, au milieu du feu le plus terrible de la colonne anglaise (1). Entouré d'une noblesse dévouée, tout rayonnant encore de jeunesse et de force, le Roi avait vécu de l'existence des camps ; il avait assisté aux batailles et aux siéges, avec la même gaieté, la même élégance qu'aux fêtes et aux soupers de Versailles, du divin Marly et de Choisy, résidence fleurie des

(1) Voir mon *Louis XV*.

bords de la Seine, douce retraite de la grande Mademoiselle après sa vie agitée.

Je considère le règne de Louis XV comme le dernier et le plus ravissant reflet de l'esprit gentilhomme, esprit perdu, enseveli sous les plis de l'antique cornette blanche. Sous Louis XIV, à l'exception de la petite cour dissolue du duc de Vendôme, la noblesse, brave, dévouée, était sérieuse, compassée, comme des satellites autour du soleil. Sous Louis XVI, elle se perdit ou se rendit ridicule par la manie de réformes, les mille stupidités philosophiques; on vit les Liancourt (La Rochefoucauld), les Lafayette, Montmorency (1), les Périgord, les Noailles, Rochambeau, Biron, etc, gratter les pièces de leur blason, suicide niais qui ne profita pas même à leur orgueil.

Sous Louis XV, la noblesse fut à la fois brave, chevaleresque, ravissante, comme nous la reproduisent les pastels de Latour, les toiles de Boucher, les champs de bataille dessinés par Charles Par-

(1) J'ai trouvé naguère chez un marchand de vieux tableaux de la rue Saint-Lazare, un dessin au crayon noir représentant le vicomte Mathieu de Montmorency, et un autre gentilhomme que je crois le duc de Liancourt en uniforme, se serrant la main d'enthousiasme dans un café du Palais-Royal. La légende du dessin dit : (« M. de Montmorency abordant un autre gentilhomme et ne se donnant plus que leur nom originaire. ») Ce qui revenait à dire que M. de Montmorency s'appelait désormais M. *Bouchard*, M. de Lafayette, M. *Mottier*, et le duc de La Rochefoucauld, M. *Guy*.

rocel : le Roi au milieu de ses troupes aux gracieux uniformes, blanc, bleu, jonquille, le chapeau coquettement placé sur l'oreille, la ganse blanche, l'aiguillette sur l'habit, donnait lui-même l'impulsion aux gais propos, aux belles histoires de galanterie : le gentilhomme allait au feu en manchettes, poudré à la maréchale, les eaux de senteur sur son mouchoir en point d'Angleterre : l'élégance n'a jamais fait tort au courage, et la politesse s'allie noblement à la bravoure.

Louis XV fut le roi qui eut le plus d'amis et sut inspirer les plus tendres attachements. A une délicieuse figure, toujours belle à tous les âges de la vie, il joignait une dignité, une noblesse parfaite, un sourire gracieux un peu mélancolique et railleur, avec un manifeste dédain pour les doctrines philosophiques, et pour ces hâbleurs de principes qui détruisaient les croyances de la société ; s'il se moquait par des mots piquants de ces gentilshommes cosmopolites qui allaient en Angleterre, en Hollande, *apprendre à penser* (1), comme on disait alors, il aimait sa maison militaire et les chefs qui la menaient au feu : Richelieu, Soubise, Grammont, d'Ayen, Chauvelin,

(1) A panser des chevaux (répondait le Roi).

l'ami de son enfance. Le Roi se tenait si bien à cheval qu'il s'y montrait supérieur même au maréchal de Saxe, de l'avis de tous, le meilleur cavalier de l'armée. Le tableau de Charles Parrocel qui représente la revue de la maison militaire, au *Trou d'enfer*, reproduit le Roi (1) à cheval, saluant avec un orgueil de gloire, les drapeaux, cravates et cornettes de ces beaux régiments de sa maison.

> Je n'ai rien à flatter et je n'ai rien à taire,
>   Je dois raconter simplement
> Les grandes actions ainsi qu'il sait les faire.
>   Je dirai qu'il porte ses pas,
> Des feux de la tranchée et des siéges aux combats ;
> Que si Louis le Grand renversa des murailles,
>   Le ciel réservait à son fils
>   L'honneur de gagner des batailles,
> Et de mettre le comble à la gloire des lis.
> . . . .
> Grand Roi, Londres gémit, Vienne pleure et t'admire,
> Ton bras va décider du destin de l'Empire ;
> La Sardaigne balance et Munich se repent,
> Le Batave indécis au remords est en proie,
> Et la France s'écrie au milieu de sa joie :
> Le plus aimé des Rois est aussi le plus grand (2).

Ainsi Voltaire louait le roi Louis XV après la campagne des Flandres, chevaleresque par tous ses héros : le maréchal de Saxe, Richelieu, Boufflers,

---

(1) La tête est de Vanloo.
(2) Épîtres, 1746.

Luxembourg, Duras, d'Harcourt, Biron, Soubise, Lowendhal, d'Havré; et cette merveilleuse noblesse marchait au combat pleine de gaieté, suivie d'une charmante ambulance, le théâtre de madame Favart, « que le maréchal de Saxe portait dans ses bagages, » disait l'abbé de Voisenon, le spirituel vaudevilliste. A Tongres, la veille de la bataille de Rocoux, le maréchal de Saxe donna ordre à M. Favart, directeur de la Comédie, de faire un couplet de chanson, pour annoncer la bataille, comme un incident dont le succès n'était pas même douteux. Ce couplet fut fait tout de suite entre les deux pièces et chanté par une actrice fort aimable sur l'air de *Tous les capucins du monde* :

> Demain nous donnerons relâche
> Quoique le directeur s'en fâche;
> Vous voir comblerait ses désirs ;
> On doit céder tout à la gloire.
> Nous ne songeons qu'à vos plaisirs,
> Vous ne songez qu'à la victoire.

Ensuite on annonça pour le surlendemain une pièce, *le Prix de Cythère et les Amours grivois*, qu'on représenta effectivement (1), car la trompette victorieuse avait retenti à Rocoux. C'est à l'occasion de cette bataille que la veille fut com-

(1) *Mém. pour servir au règne de Louis XV*, 1746.

posé le premier thème de la populaire et soldatesque chanson des *Adieux de La Tulipe*, restée comme une tradition dans l'armée toujours si pleine de gaieté et de bravoure : la France n'est-elle pas toujours là !

> Malgré la bataille
> Qu'on livre demain,
> Çà, faisons ripaille,
> Charmante Catin ;
> Attendant la gloire,
> Prenons le plaisir
> Sans lire au grimoire
> Du sombre avenir.
> . . . .
> Tiens, serre ma pipe,
> Garde mon briquet,
> Et si La Tulipe
> Fait le noir trajet,
> Que tu sois la seule
> Dans le régiment
> Qu'ait le brûle-gueule
> De ton cher amant (1).

Tel était l'esprit de cette armée que le roi Louis XV aimait avec prédilection, et qui à son tour adorait le roi de France. Ce prince avait moins de courtisans que de loyaux et sincères amis. Il traitait les gentilshommes avec cette politesse gracieuse et digne qui s'honorait en élevant

(1) Les paroles sont de Mangenot, 1746, un des plus spirituels vaudevillistes et chansonniers.

les autres. Les femmes le chérissaient, tant à cause de sa charmante figure que pour la galanterie exquise de ses paroles et de ses spirituels propos. Un des traits dominants et je dirai le défaut capital du caractère du Roi, c'était de trop laisser apercevoir l'ennui immense qui le dévorait : ses traits n'avaient que cette expression. Louis XV subissait le terrible châtiment qu'impose la satiété, cette froide flétrissure du cœur et de l'âme ; il éprouvait le vide et l'impuissance du sensualisme. Et puis il avait vu tant de bassesses, tant de fausses idées, qu'il avait contracté une certaine nonchalance pour accomplir le bien ; comme dit le poëte Italien : « il laissait marcher le monde tel qu'il était. » Le Roi croyait peu à la probité humaine parce qu'il l'avait rarement rencontrée ; il aimait les gens honnêtes, et pourtant il n'osait pas les appuyer et même s'en servir. Avec l'esprit le plus droit du monde et la volonté la plus franche, il n'eut jamais de système tranché qu'à la fin de sa vie, lorsque les parlements aveuglés marchaient à une révolution. Le système du chancelier Maupeou fut celui du Roi, c'est-à-dire ferme, décidé. Il aurait sauvé la monarchie que perdirent les faiblesses honnêtes de son royal successeur Louis XVI.

II.

Janvier 1745.

Une des négociations les plus considérables qui accompagna cette glorieuse campagne des Flandres contre l'Angleterre et l'Autriche, avait été le mariage de monseigneur le Dauphin de France avec l'Infante d'Espagne. La cour de Versailles y mettait une haute importance comme à la préparation de l'alliance de famille, ce pacte écrit et signé entre tous les membres de la maison de Bourbon, qui plus tard (1) fut l'occasion des plus profondes jalousies de l'Europe. Louis-Auguste Dauphin de France, tout jeune homme encore, avait suivi le Roi dans la campagne des Flandres. A ses côtés il assistait aux batailles et aux sièges ; il y montra un haut courage et une sensibilité extrême, expression de son cœur et de son éducation, que l'intrigue essaya plus d'une fois d'exploiter.

Le roi Louis XV ordonna que les fiançailles

(1) En 1765, sous le duc de Choiseul.

fussent célébrées avec une grande solennité afin de distraire la cour et de s'étourdir lui-même, car il était profondément affecté de la mort récente de la duchesse de Châteauroux, son amie la plus tendre, la plus dévouée. C'était dans la famille si illustre de Nesle que jusqu'ici le Roi avait choisi ses affections intimes : mesdames de Mailly, de Flavencourt, comtesse de Tournelle, créée duchesse de Châteauroux, maîtresses d'un caractère si divers et néanmoins dominantes. Le roi Louis XV avait suivi les traditions de Louis XIV accoutumé à prendre ses maîtresses parmi les familles de haute noblesse. Les Nesle valaient les Mortemart et mieux que les d'Aubigné-Maintenon. Autour de la duchesse de Châteauroux, vaillante, glorieuse, adorée de tous, il s'était fait un grand bruit, une haute intrigue lors de la maladie du Roi à Metz. La duchesse fut renvoyée, chassée avec éclat, et n'avait trouvé d'autre ami fidèle que le duc de Richelieu qui la préserva de mille insultes en l'emmenant dans son propre carrosse. La faveur de la duchesse était revenue; mais la mort avait saisi sa proie au moment de son retour. Madame de Châteauroux, belle, et toute parée comme pour un triomphe au milieu de la cour, fut frappée d'un mal étrange et sinistre qui l'enleva en quelques jours à la tendresse de Louis XV. Le Roi en fut profondément affecté (1), car elle était aimée avec orgueil comme un beau fleuron de la couronne, éclatante comme la gloire.

Il courut diverses légendes sur la mort de la duchesse de Châteauroux. On parla même du poison que l'on jeta dans la coupe d'un souper; comme si le poison le plus ardent, le plus subtil, n'était pas cette vive secousse de l'âme dans le passage rapide de la félicité aux douleurs, de la tristesse à la joie : l'imagination et le cœur sont les plus grands ennemis de la vie, ils nous tuent bien plus sûrement que la maladie. Madame de Châteauroux mourut le 8 décembre 1744, dans son hôtel de la rue du Bac. Le Roi en éprouva une vive douleur, je le répète. M. d'Argenson écrivait au duc de Richelieu : « notre pauvre maître (2) a un visage à faire trembler pour sa vie. » Le Roi se fit peu à peu à l'idée de la mort qui fauchait rudement autour de lui. Il devint ferme, stoïque devant cette image de la mort, jusqu'à faire croire qu'il était insensible et profondément égoïste.

Ce fut pour faire distraction à cette réelle dou-

(1) Il faut se défier de la correspondance autographe attribuée à la duchesse de Châteauroux. Il y a beaucoup de lettres fausses ou supposées, même parmi celles qu'elle adressait au duc de Richelieu.
(2) Louis XV. M. d'Argenson appartenait à l'école philosophique. C'est lui, autant que madame de Pompadour, qui fit entrer Voltaire dans le mouvement des affaires pratiques.

leur que la cour mit un grand éclat aux fêtes préparées pour le mariage de M. le Dauphin et de l'Infante d'Espagne. A Versailles des pompes magnifiques, au château, dans les jardins, sur le canal ou pièce d'eau; il y eut des voyages, des chasses à Compiègne, à Fontainebleau, des illuminations, des pêches aux flambeaux. Nul ne peut se faire une idée de Versailles à ce temps de haute noblesse. Nous autres enfants d'une maussade et sanglante révolution, nous voyons ces galeries de glace et d'or inondées d'un peuple aux vêtements épais, aux souliers ferrés et retentissant sur ces riches parquets comme un torrent limoneux sur de riches plates-bandes de boutons d'or et de roses panachées. Versailles aujourd'hui est comme une vieille et noble figure de marquise foulée et déchirée aux pieds par les enfants des clubs; c'est la Memphis du vieux régime; et pour notre généraration, les mœurs des gentilshommes sont plus étrangères que les habitudes des Romains de la décadence. Au moyen-âge les pastoureaux un moment maîtres de quelques châtellenies dans le midi de la France, s'emparèrent des plus beaux vêtements des seigneurs, firent coucher leurs femmes et leurs filles dans les lits des châtelaines. Il en est ainsi de Versailles envahi un jour de fête par ce peuple qui trouble le royal sommeil des derniers Bourbons. Sous Louis XV, les fêtes gardaient encore un caractère de splendeur et de royauté : toute cette grande noblesse avait une haute manière de vivre, de servir et d'aimer le Roi et la monarchie. Le velours des habits se mariait bien aux tapisseries, aux glaces de Venise ; les dentelles allaient merveilleusement à ces vieilles porcelaines de Sèvres, à ces vases d'agate ornés de topazes, d'émeraudes. L'infante Dauphine brilla dans toutes ces fêtes aux yeux de tous (1) et de monseigneur le Dauphin, profondément épris de sa femme ; il était impossible d'avoir un amour plus vrai, plus ardent que celui de Louis-Auguste Dauphin de France pour l'infante Dauphine : elle n'était pas jolie, mais tel est le privilége donné aux filles d'Espagne, d'exciter des passions vives comme le soleil qui les éclaire (elle mourut en donnant le jour à une princesse, et Dieu sait combien elle fut pleurée). Jamais monseigneur le Dauphin ne put se consoler de cette terrible mort.

La ville de Paris alors associée à toutes les joies, à toutes les douleurs de la famille royale, voulut dignement célébrer le mariage. Les fêtes furent riches. Le prévôt des marchands d'après les avis

(1) Février 1745.

des échevins fit construire douze belles salles de verdure, au milieu de Paris, mode renouvelée des antiques fêtes de Charles VII (1). On était en plein hiver, le temps était dur, les arbres secoués par les grands vents, la pluie battante ; ces salles de verdure furent si chaudes, si ingénieusement abritées, que parmi ces fleurs et ces arbustes on se serait cru dans un tiède et doux printemps (2). L'art de donner des fêtes municipales s'est un peu perdu, avec ces traditions des métiers et de la bourgeoisie, noblesse du travail. Les arts de loisir ont fait place à l'industrialisme, à l'entreprise, aux machines ; le grand livre de la chevalerie et du blason est effacé pour les artistes comme celui des gentilshommes, et le pêle-mêle a succédé à la distinction. La plus belle de ces fêtes fut donnée à l'Hôtel-de-Ville, le palais de la bourgeoisie. MM. les échevins délibérèrent sur le genre de divertissement qui serait le plus agréable à la cour, et l'on jugea qu'un bal masqué ou déguisé pourrait mieux divertir le Roi. Il fut résolu que le bal aurait la caractère d'un grand concours de nations,

(1) Les vieilles gravures du cabinet de la Bibliothèque Impériale reproduisent ces fêtes de Paris à l'occasion du mariage de madame la Dauphine, avec un grand soin.

(2) On y distribuait toute sorte de rafraîchissements au peuple, et l'on y dansait avec grande joie. La *Gazette de France* en donne la description, 25 février 1745.

de divinités mythologiques, et que les plus jolies femmes de la bourgeoisie (1) se placeraient sur une estrade de velours, de soie et d'or, simples et élégamment parées, pour saluer Louis XV. Les courtisans pourraient admirer cette fraîche corbeille de jolis visages dont la bonne ville de Paris était fière à plus juste titre que la cour, car ces jeunes filles n'avaient ni rouge ni blanc, et pas de parures artificielles.

Parmi cette foule immense, pressée, gracieuse qui entourait la cour, le Roi put distinguer une jeune femme de vingt-un ans à peine, blonde, aux cheveux flottants, déguisée en Diane chasseresse; elle avait un costume de Nymphe, le carquois sur l'épaule, l'arc en main, et faisant mine de décocher une flèche au Roi (2). Le prince, toujours galant, s'approcha de la belle Diane et lui dit d'un air tout gracieux : « Belle chasseresse, les traits que vous décochez sont mortels. » Après avoir jeté une spirituelle et tendre réponse, la Nymphe disparut parmi la foule pressée, laissant le Roi dans un doux ravissement. Il la retrouva quelques instants après, reprit une conversation pleine d'esprit et d'attraits, et à travers les épisodes d'une brillante causerie, le Roi crut reconnaître une

(1) Cabinet de la Bibliothèque Impériale.
(2) Voyez mon *Maréchal de Richelieu*.

jeune femme qui chaque fois que la grande chasse se dirigeait du côté de la forêt de Sénart, la suivait à cheval, ou dans une conque élégante de cristal de roche, attelée de deux alezans. Louis XV, pour reconnaître cette aimable persévérance, lui envoyait quelques souvenirs de ses chasses, les nobles insignes des bêtes abattues : les cornes du cerf, la hure du sanglier, la tête du loup, la queue du renard, avec quelques faisans royaux et le coq de bruyère. Le château d'Étioles qu'habitait la belle chasseresse était fort connu du Roi qui jusque-là, tout absorbé par madame de Châteauroux, ne prêtait que peu d'attention à la chasseresse de la forêt de Sénart ; et celle-ci mettait une discrétion, une coquetterie extrême dans ses recherches pour ces distinctions royales, espérant le cœur entier et non point un vulgaire et passager caprice.

III

1745.

La vie féodale avait légué à la royauté l'ardente et noble passion de la chasse; la féodalité, cet admirable système de liens et de rapports communs, de devoirs et de secours mutuels, donnait la supériorité à la campagne sur les villes. Chacun vivait en sa terre, en son champ, sans l'indicible nécessité d'abandonner son clocher pour se corrompre à la grande cité du voisinage et mendier le travail. Les environs de Paris au xviiie siècle étaient couverts de vastes parcs taillés dans des forêts profondes : le territoire n'était pas découpé, déchiqueté en mille parcelles, planté de petites maisonnettes, mauvais décors de théâtre. Les splendides résidences de Louis XIII, Louis XIV et Louis XV étaient entourées, comme le Roi de ses pairs, de vieux ou d'élégants châteaux, propriétés des princes du sang, ducs, marquis, vicomtes, présidents et conseillers de cours souveraines, et de ces riches habitations des financiers avec leurs beaux parcs, leurs admirables salons, décorés des chefs-d'œuvre de Watteau, Parrocel, Lemoine, Boucher et Latour.

On ne sait plus aujourd'hui planter les forêts ni dessiner les grands parcs. Le culte des bois est perdu, et la cognée sans respect abat les arbres séculaires comme les guerriers du Tasse dans la forêt enchantée frappaient sans pitié les ormes et les cèdres. La législation féodale si prévoyante (1) pour la conservation des bois et du gibier, punissait d'un châtiment exemplaire les braconniers hardis qui détruisaient les garennes, colombiers, faisanderies, terriers, cherchant ainsi à lutter contre ce dépeuplement des forêts qui fera bientôt du gibier une race perdue. La vie de la noblesse était dans les châteaux, son culte, sa richesse héréditaire. Pour elle, les villes étaient des séjours chaque année pour quelques mois. Les gentilshommes y vivaient entre l'opéra, la comédie, dans leur hôtel du faubourg Saint-Germain, aux boulevards ou au Marais. Rien n'attirait le paysan, l'ouvrier de la terre dans la ville. Il vivait autour du château où étaient le repos et le travail, la pharmacie, les secours à la vieillesse. A voir les choses dans leur réalité, il valait mieux tenir une pièce de

---

(1) Le Code des eaux et forêts, sous Louis XIV, en avait maintenu la plupart des dispositions. L'égalitaire législation de l'Assemblée constituante l'a étrangement modifié.

terre à cens et à lod que d'en être le propriétaire grevé d'hypothèques, travaillant sous le fouet de l'usurier qui menace de l'expropriation. Le seigneur valait mieux que le juif pour le paysan.

Nulle contrée au monde ne présentait une masse plus imposante de forêts et de grands bois que l'Ile de France (1). Au nord, depuis Enghien, Montmorency, l'île Adam, jusqu'à l'admirable forêt de Compiègne, théâtre des grandes luttes de la première race. A l'ouest, les bois de Meudon, de Satory et de Saint-Germain jusqu'à Rambouillet. Au midi, Fontainebleau avec sa forêt si épaisse jetée là par la création, forêt profonde et inculte où le roi Philippe-Auguste s'égara. Rambouillet avec ses beaux taillis, ses grands étangs et la plus riche garenne du monde (2). Rambouillet, quoique le domaine apanagé du duc de Penthièvre, avait souvent la visite du roi Louis XV. Le noble duc y fit bâtir d'abord de vastes communs à l'usage des chasses royales, et plus tard Louis XV lui-même fit élever le riche pavillon de Saint-Hubert qui se mirait dans le grand étang : Saint-Hubert, belle et anti-

(1) Voir la carte de France par provinces de Delisle, 1745. — Il existe encore beaucoup de livres terriers dans les manuscrits de la Bibliothèque Impériale.

(2) C'est même de Rambouillère (nom de vénerie pour désigner une vaste garenne), que Rambouillet a pris son nom. En anglais, *rabbit* signifie encore lapin.

que légende du moyen-âge, si favorable aux chasseurs.

Il y avait chasse partout, même dans les taillis du bois de Boulogne, où le Roi faisait embellir le grand pavillon de la Muette, à côté du monastère royal de Longchamps et de la vieille église du XIIIe siècle. Le bois de Boulogne était une sorte de dépendance des bois étagés de Saint-Cloud et de Meudon, peuplés de loups, sangliers et louveteaux, à l'époque des chasses de Monsieur, duc d'Orléans, frère du roi Louis XIV, le chef et protecteur des capitaines de louveterie de France.

Le lieu favori des chasses de Louis XV, depuis son enfance, avait toujours été la forêt de Sénart, qui s'étendait comme un prolongement des bois et garennes de Vincennes, Boissy-Saint-Léger, non loin de la Marne. La forêt de Sénart enclavée entre deux rivières, baignée en son centre par l'Yère, était merveilleusement placée pour la grosse et petite vénerie. Le Roi pouvait s'y rendre de Versailles et de Marly par la magnifique chaussée qui du bois de Satory suivait Verrières, Châtenay, Sceaux et la Croix-de-Berny, pays splendide, accidenté, d'où le Roi se rendait à sa résidence de prédilection, le château de Choisy. Ces belles routes aujourd'hui presque abandonnées n'offrent plus que le débris de cette splendeur.

Sur le charmant coteau qui descend de Thiais jusqu'à la Seine, la grande Mademoiselle avait fait construire après la Fronde un ravissant château. Mademoiselle aimait cette route d'Étampes, de Corbeil et d'Orléans, théâtre de ses chevaleresques exploits aux jours agités de la guerre civile. Mansard avait construit les bâtiments du nouveau palais, qui se composait d'un vaste pavillon au centre et de deux ailes élégantes à fer à cheval fermées par une grille de bronze ouvragé (1); le parterre dessiné par Le Nôtre descendait en espaliers jusque sur les bords de la Seine, serpentant au milieu des prairies émaillées de fleurs. Ce n'était pas sans motif que le nom de Choisy avait été donné à ce beau coteau ; madame Deshoulières avait chanté ces vertes prairies :

>Sur ces bords fleuris
>Qu'arrose la Seine,
>Cherchez qui vous mène,
>Mes chères brebis.

Les jardins de Choisy étaient renommés par leurs espaliers tout de fleurs, par leurs rosiers et leurs jasmins aussi beaux que ceux de Sceaux-Penthièvre (2), où l'on voyait de vastes labyrinthes,

(1) Voyez le dessin de Choisy. (Bibliothèque Impériale.)
(2) 1689.

des murailles de verdure peuplées de statues mythologiques, la naissance de Vénus, Diane chasseresse, Pan et les Satyres lascifs poursuivant les Nymphes éperdues : la grande Mademoiselle, comme mademoiselle de Scudéry, aimait la riante mythologie aussi bien que les romans de chevalerie du moyen-âge.

Louis XIV qui avait acheté Choisy (1) pour avoir une maison de campagne, venait rarement l'habiter. Mais Louis XV en avait fait son séjour de prédilection, ou comme on le disait alors, sa petite maison, rendez-vous de chasse, repos de vénerie, pour souper après le courre.

Madame de Châteauroux adorait Choisy, petite bergerie si on la comparait aux grandeurs de Versailles et de Marly. Durant toute la campagne des Flandres, Louis XV avait toujours occupé le château de Choisy ; de là ce nom de douce familiarité donné par le peuple : Choisy-le-Roi, village créé par Louis XV. Le peuple depuis a dévoré le manoir de son fondateur (2) : la vie est une grande ingratitude des générations nouvelles pour les générations mortes.

A deux petites lieues de Choisy commençait la

(1) 1689.
(2) Il ne reste plus trace de ce château. — Voyez mon *Louis XV*.

forêt de Sénart, très-bien peuplée, je le répète, en gibier de toute espèce. Louis XV y avait fait construire un pavillon fort commode à la Croix-du-Centre, vaste rendez-vous de chasse comme on savait les faire alors, création dont la trace est perdue. Le chenil de la forêt de Sénart était réputé entre tous par le bel accouplement des meutes et l'éducation des limiers; la forêt s'étendait presque sur une étendue de huit lieues avec un choix de terrain, semis et essence de bois. Il y avait alors de si habiles veneurs qu'ils savaient les préférences du gibier pour chaque arbre, arbuste, genêts, fleurs, et la forêt était disposée pour attirer à la fois dans chaque partie du parc le cerf, le sanglier, le chevreuil, le faisan et jusqu'à la grive amoureuse du genièvre. Les livres de chasse du roi indiquent les coups merveilleux de Sa Majesté, un des meilleurs et des plus habiles tireurs de France (1). Jamais il n'avait été désarçonné, ni atteint par le sanglier et le cerf même en rut. Dieu sait si le Roi s'exposait dans ses courses hardies à travers la forêt. Il valait alors la peine de courir les bois dans les grands taillis, car la chasse se faisait par mille pièces de gibier. Le livre si précis des chasses royales porte à 99 le nombre

---

(1) Bibliothèque Impériale. Il abattait jusqu'à trois cents pièces dans une journée.

des cerfs forcés par le Roi en l'année 1743; 87 en 1744; 70 en 1745 (époque de guerre), dans les forêts de Rambouillet et Compiègne, Sénart et Fontainebleau; plus tard le nombre en fut doublé (1). Chacune de ces chasses avait son histoire dans cette espèce de livre d'or de la vénerie, qu'on ne sait plus tenir.

Les chasses du Roi étaient la vie de toute la campagne à dix lieues tout autour des grands bois. On s'est complu à dire que le paysan était alors malheureux, sans ressource, serf immonde; et pourtant s'il en était ainsi, et en faisant la part de la poésie ou de l'imagination, d'où vient que Watteau, Boucher, Lancret ont presque toujours choisi leurs types dans les bergeries? D'où vient que Collé, Marmontel et le maussade Rousseau lui-même, ont fait de leur Lubin ou de leur Colin et de leur Annette le type de la fraîcheur et de la grâce? D'où venaient ces ravissants costumes que les marquises cherchaient à imiter? Était-ce purement de l'idéalisme, et si le type n'avait pas existé, au moins un à peu près, les aurait-on osés en peinture ou sur la scène?

(1) Le nombre des cerfs forcés fut de 154 en 1760.

IV

1745.

A l'extrémité de la forêt de Sénart, après les Melliotes et Soisy, au point où la Seine belle et large s'étend jusqu'aux premières maisons de Corbeil, s'élevait le joli château d'Étioles, un peu au delà et à gauche du pont d'Évri, dans une situation ravissante (1), véritable création de fée, avec tout le luxe et le goût des arts qui caractérisait le xviiie siècle. Les vastes taillis qui s'étendaient depuis Montgeron, Brunoy, jusqu'à Étioles, semblaient être choisis de prédilection par les riches financiers : les frères Pâris les avaient mis à la mode, et l'on ne peut dire toutes les folies de goût et de dépenses que le marquis de Brunoy (2) avait faites à son château princier. C'est dans la forêt de Sénart que Bourret, le fermier-général, avait construit le pavillon que Louis XV avait promis de visiter, et qu'il appela même la Croix-Fontaine,

---

(1) J'écris ces lignes en face du château d'Étioles.
(2) Fils de Pâris de Montmartel, banquier de la cour; il avait acheté le marquisat de Brunoy.

du nom du petit village près duquel il était bâti. Tout est aujourd'hui détruit à Croix-Fontaine, excepté ces beaux caveaux de marbre, ruines déjà auxquelles se rattachent des légendes. Le pavillon de Bourret (1) était surtout remarquable par ces gracieux objets d'art inimitables, ces cabinets en porcelaine de Chine et du Japon, ces escaliers en biscuit de Sèvres avec des rampes de cristal de roche, liées de filigranes d'or et d'argent, que foulait de ses pieds mademoiselle Gaussin, la divinité du lieu : cette gracieuse Zaïre à qui Voltaire avait adressé ces jolis vers :

Jeune Gaussin, reçois mon tendre hommage.

Le château d'Étioles, depuis érigé en marquisat, était la propriété en fief de Jean-Baptiste Lenormand (qui prit le nom d'Étioles) et neveu du riche Lenormand de Turneheim, fermier en titre, syndic de la compagnie, et l'homme le plus considérable des fermes-générales, amateur distingué de tableaux et de sculptures, l'ami des artistes. MM. de Turneheim et d'Étioles recevaient dans leur château les poëtes et les beaux esprits: Voltaire, Maupertuis, Cahusac, Montesquieu et le

---

(1) Sur l'origine de Bourret, voyez mon livre sur les *Fermiers-généraux*.

gracieux abbé de Bernis (1), gros poupard fort spirituel, tous commensaux du château d'Étioles, comme aussi des salons des fermiers-généraux, d'Helvétius et de M. de la Popelinière, société de gens d'esprit, charmante, flatteuse, médisante souvent et qui n'a pas épargné ses généreux Mécènes : les gens de lettres ont ce malheureux travers de mordre la main qui s'étend protectrice vers eux : ainsi furent-ils pour madame d'Étioles. Les calomnies vinrent de ceux qu'elle avait protégés, spécialement de Voltaire qui n'épargne pas dans ses Mémoires celle qu'il avait tant louée (2).

Le 17 janvier 1739, M. Lenormand d'Étioles avait épousé mademoiselle Jeanne-Antoinette Poisson, fille d'Antoine Poisson, premier commis dans les bureaux des frères Pâris, ces habiles financiers, et qui devint lui-même un des fournisseurs de vivres et de viande aux Invalides. (C'est ce qui a fait dire à Voltaire qu'il avait été boucher des Invalides.) (3) Il est essentiel de bien con-

---

(1) Dans son portrait aux galeries de Versailles, il est fort coloré et porte trois mentons avec une certaine grâce.

(2) Voltaire, *Mémoires* : Ils sont écrits avec dépit et partialité ; il y dépose ses colères souvent odieuses.

(3) Un esprit charmant et sérieux, M. Édouard Fournier, a publié l'acte de naissance de madame de Pompadour, qui détruit les fausses et mauvaises assertions de Voltaire. Au reste, la source première de toutes les calomnies contre madame d'Étioles est dans une chanson publiée par la *Gazette de Hollande*.

naître à cette époque la situation des grands financiers afin de s'expliquer la vie un peu agitée d'Antoine Poisson.

Dans les dernières années du règne de Louis XIV, les financiers avaient rendu de grands services à l'État. Chamillard, le plus habile des contrôleurs-généraux, s'était adressé à eux avec confiance; Chamillard, que le désœuvré et mauvais diseur Saint-Simon n'a peint que comme un joueur de billard, était un de ces esprits justes et hardis à la fois qui comprennent et dominent les situations délicates. Il eut à lutter contre les railleries des gens de haute naissance qui ne lui pardonnaient pas sa petite origine, et contre la routine des emprunts usuraires à Gênes, Venise, Amsterdam. Louis XIV avait à combattre l'Europe coalisée; le trésor était vide; si les égoïstes tels que Saint-Simon et Noailles refusaient leur argenterie, le Roi envoyait la sienne à la Monnaie; Chamillard (1) et après lui Desmarets eurent recours aux financiers, à Crozat, Samuel Bernard, aux fils du riche Rambouillet (2); ils purent réunir environ 50 millions de livres qui aidèrent singulièrement Villars dans sa glorieuse campagne. Les prêteurs trouvèrent des bé-

(1) Voir mon *Louis XIV*.
(2) Du faubourg Saint-Antoine, qui a donné son nom à la rue qui s'abrite encore à l'ombre de ses jardins.

néfices dans cette opération, c'est incontestable, mais on ne peut pas demander un entier désintéressement dans une opération de finance ; la réalisation d'un bénéfice est inhérente à toute spéculation d'argent, le crédit ne s'établit même que par le bénéfice de tous dans une affaire.

A la mort de Louis XIV, le danger de l'invasion passé et la paix signée, il se fit une réaction contre les banquiers, tous dénoncés à la vengeance des multitudes sous le nom de maltôtiers (1). Le Régent pour se procurer des ressources et conquérir la popularité inhérente à toute réaction, forma une *chambre ardente* d'examen et de restitution, et tous les financiers furent arbitrairement taxés et rançonnés sans merci. Le chiffre des sommes perçues par le trésor du Régent s'éleva à plus de 80 millions. La liste en a été conservée ; il y a des taxes qui s'élèvent jusqu'à 2,700,000 livres imposées à un seul financier. La chambre ardente toujours flétrie par les vrais parlementaires, se composait d'un président, de six conseillers, de huit maîtres de requêtes et de sept maîtres de comptes qui jugeaient en dernier ressort. Tous les membres de cette cour furent largement gratifiés en raison des services,

(1) La collection des gravures (Bibliothèque Impériale) en contient une fort sanglante contre les maltôtiers, 1714 et 1715. J'en ai longuement parlé dans mon livre *Philippe d'Orléans, régent de France.*

et beaucoup de beaux châteaux situés hors de Paris : La Malmaison, Baville, Villiers, Maisons, Gros-Bois, Angevilliers, Angerville, furent bâtis ou agrandis à la suite des bonnes épices gagnées dans la liquidation pour M. le Régent. Les confiscations sur les gens de finance furent au reste très-populaires, et il n'y a pas de meilleure mesure que celle qui vous enrichit aux applaudissements de tous. On chantait donc aux halles de Paris :

> Pleurez, gens de finance,
> Vos beaux jours sont passés,
> Le Régent veut que d'importance
> Vous soyez tous étrillés.
> Que Desmarets soit écorché
> Et par menus morceaux haché,
> Personne n'en sera fâché.

Ainsi sont toutes les réactions. On raille les gens que l'on dépouille et quelquefois même que l'on tue pour s'épargner une restitution dans l'avenir.

Jean-Baptiste Poisson avait été compris dans ces condamnations de la chambre ardente comme fournisseur de l'armée de Villars pour les blés et la viande, et comme il ne put satisfaire les gens de justice, il fut obligé de s'enfuir.

Pendant toutes les exagérations du système de Law, les banquiers, fermiers-généraux se tinrent à l'écart. Law était trop aventureux pour convenir à des esprits d'ordre et de régularité tels que Crozat, le vieux Samuel Bernard et les trois frères Pâris. Law enfui et son système tombé, il fallut comme toujours recourir aux banquiers et fermiers-généraux. A l'agiotage il fallut substituer les opérations sérieuses du crédit, et la liquidation du système de Law fut confiée au trois frères Pâris.

Dans cette nouvelle période de l'histoire des financiers, ceux-ci conquirent une grande importance, et l'on peut en prendre un exemple dans Samuel Bernard. A cette époque il était d'usage que les riches financiers en achetant une terre, marquisat, comté, baronnie, en prissent le nom. Le titre était attaché au fief, usage véritablement conservateur. La terre était tout dans la hiérarchie (1) : le vieux Samuel Bernard était donc devenu comte de Rieux. Il avait marié ses filles et sa petite-fille aux Lamoignon, aux Mirepoix, avec chacune un million de dot. La dernière de ses filles épousait le président à mortier Molé avec douze cent mille livres de dot (2); il venait de payer pour cinq mil-

(1) Le nom primitif s'effaçait, on ne connaissait plus que les comtes de Rieux, de Bellisle, marquis de Brunoy, d'Étioles.
(2) Ces mariages étaient fort critiqués :
    O temps ! ô mœurs ! ô siècle déréglé !
    Où l'on vit déroger les plus nobles familles ;
      Lamoignon, Mirepoix, Molé,
        De Bernard épouser les filles ;
    Ils sont les recéleurs du bien qu'il a volé.

lions de dettes à ses fils, et lui encore riche de plus de 50 millions avait un faste immense en ses trois hôtels de la place des Victoires. Sa seule table coûtait cent cinquante mille livres et ses terres fourmillaient de gibier, ses rivières et ses étangs des poissons les plus délicats. Jean-Baptiste Poisson, rentré dans les bureaux des frères Pâris, aida leur travail difficile et trop arbitraire pour rester dans les conditions de la justice et du possible. Sa femme, d'un grand esprit, fille de financier, fort liée avec tout le parti philosophique, recevait dans son salon tous les gens de la ferme et donnait à sa fille, charmante enfant, Jeanne-Antoinette, la plus brillante éducation (1). Douée d'une imagination vive, ardente, avant quinze ans elle dessinait et gravait à ravir. Elle jouait du luth, de la basse, instrument alors à la mode et qui faisait si gracieusement ressortir tous les attraits de la femme, ainsi qu'on le voit dans les toiles de Miéris.

Jeanne-Antoinette Poisson avait quinze ans lorsqu'elle épousa le sous-fermier-général Lenormand seigneur d'Étioles, le neveu de M. Lenormand de Turneheim, un des syndics de la ferme-générale. De l'aveu de tous, mademoiselle Poisson était ravissante et riche. Ce mariage dans la haute

(1) Née en 1723, sous le ministère de M. le Duc. Voir mon *Louis XV*.

finance n'avait rien d'étrange et d'inégal ; la fille d'un fournisseur d'armée, jolie, admirablement élevée, épousait un sous-fermier. Voltaire, avec sa médisance accoutumée, ne manque pas de dire que madame Poisson (1) était la maîtresse de M. de Turneheim et qu'elle avait spéculé sur les charmes de sa fille (2). Voltaire se complaît à ces scandales de chronique : la vie privée n'a jamais de mystère à ses yeux, et il lève tous les voiles pour plaire à une génération si facile de mœurs. Il ne pouvait pardonner à celle qu'on a appelée une grisette (3) de s'être élevée haut dans la direction politique des affaires.

Ce mariage donna un éclat nouveau à la société d'Étioles et au salon de M. de Turneheim. Il n'existe pas de portrait original de madame d'Étioles à quinze ans. Tous les contemporains disent qu'elle était éclatante de grâce et d'esprit, et qu'elle se fit une petite cour à elle, cour gracieuse d'artistes et de gens de lettres qu'elle étonnait et enivrait par tous les prestiges de sa voix, de sa con-

---

(1) Elle était elle-même fille d'un riche financier, Jean-Baptiste de La Mothe, fournisseur de vivres de l'armée.

(2) *Mémoires* de Voltaire, n° 5, livre plein de haine et de rancune.

(3) Il en a aussi parlé dans quelques éditions de la *Pucelle* et dans ces vers :

Telle est cette heureuse grisette.

versation et de ses talents; elle montait hardiment à cheval, ou bien elle conduisait elle-même un phaéton dans les allées les plus sinueuses de la forêt de Sénart, partout où le Roi menait sa chasse; vêtue d'une façon souvent étrange et toujours coquette, elle attirait les yeux de tous. On ne parlait à Choisy que de la nymphe du bois de Sénart, qui souvent se montrait un faucon sur le poing, comme une châtelaine du moyen-âge : bel art perdu que celui de la fauconnerie, et quels beaux oiseaux que les faucons ou les émérillons ! Et cependant aimée de son mari, madame Étioles avait peu donné lieu à la médisance. Elle eut de M. Lenormand, une petite et charmante fille qui reçut en baptême le nom d'Alexandrine (1). A Étioles la vie de la jeune châtelaine se partageait entre les beaux-arts, les causeries d'esprit, et les soins donnés à la petite Alexandrine. Le séjour au château absorbait huit mois de l'année, comme c'était l'habitude des grandes maisons; on en passait quatre à Paris dans l'hôtel de M. de Turneheim, rue Croix-des-Petits-Champs. Toutes les rues qui s'étendaient de la place Vendôme à la place des Victoires venaient de se construire pour la haute

(1) C'est cette enfant pour laquelle madame de Pompadour rêvait les plus hautes destinées. Le maréchal de Richelieu se vante d'avoir refusé les fiançailles avec le duc de Fronsac.

finance autour de l'hôtel des fermes. La place des Victoires où était l'hôtel de Samuel Bernard venait de se rattacher à la place Vendôme par la rue des Petits-Champs peuplée de gros financiers.

V

1745.

Il faudrait profondément creuser les mystères du cœur de Louis XV, pour rechercher la cause première de ces attachements publics et adultères de la dernière partie de son règne. Comment se fait-il qu'un Roi si sage d'abord, si attaché à la reine Marie Leczinska, à ce point de ne pas trouver de femme plus belle, plus désirée, se jeta tout d'un coup dans les bras de maîtresses publiques? Comment cette innocence se transforma-t-elle en un libertinage ennuyé? Est-ce parce que la société si corrompue de la Régence agit sur lui d'une façon désordonnée et provocante? Ou bien, la reine Marie Leczinska avec ses froideurs, ses scrupules(1), ses clôtures, ses verrous, fut-elle un peu la cause innocente de cet abandon d'un Roi ardent comme le petit-fils de Henri IV pour la galanterie et l'amour?

(1) Le Roi s'en plaignait publiquement et en particulier au duc de Richelieu. Voyez mon travail sur le *Maréchal de Richelieu.*

La conduite de la reine Marie Leczinska à l'égard de Louis XV fut plutôt l'expression d'un devoir accompli, que d'un amour tendre et passionné. La Reine était comme une statue de la Junon du Nord, taillée dans les marbres de la Baltique, sorte de Vénus froide comme la Freya des Scandinaves : son portrait que l'on voit encore à Versailles et qui la reproduit à tous les âges de la vie, nous représente des traits d'origine slave sans animation (1), même sans jeunesse, sans passion et marqués d'une résignation trop pieuse aux décrets de la Providence, ce qui énerve tous les actes de la vie et ne laisse plus de libre et vif arbitre. Il n'y avait pas dans la reine Marie Leczinska les conditions d'amour, les passions même suffisantes pour retenir un Roi, jeune, gracieux, entouré de séductions et de piéges, entraîné par la main de son siècle, royal vainqueur enivré sous les guirlandes de lauriers et de roses.

Une remarque historique à faire est encore celle-ci : tant que le Roi s'adressa aux dames de nobles maisons, pour y chercher des distractions adultères, la cour ne s'en plaignit ni ne s'en étonna autour de lui. S'il fut en effet une suite de liaisons scandaleuses et immorales, c'est l'amour

---

(1) Galerie des portraits. Il existe six portraits de la Reine. Boucher même ne l'a pu animer.

étrange du Roi pour les quatre filles de l'illustre maison de Nesle; et pourtant nul ne s'en étonne. On loue même la douceur pieuse de madame de Mailly, la grâce élégante et un peu hardie de madame de Flavencourt, et surtout le courage et l'orgueil tout français de la duchesse de Châteauroux au milieu des guerres. Grandeur d'âme, héroïsme, désintéressement, on lui accorde tout : nouvelle Agnès Sorel, on dirait qu'elle conduit le Roi à la victoire. Mais tout change dès que Louis XV ne choisit plus ses amours dans la haute noblesse, parmi les dames titrées; alors on l'accuse de mœurs dissolues, de passions vulgaires;

C'est une petite bourgeoise
Élevée à la grivoise (1)

qui préoccupe l'attention du Roi, et la haute noblesse, ni ne le comprend, ni ne le pardonne. Presque toutes les passions du Roi pour mesdames de Nesle se rattachaient à une intrigue, à un système, à des ambitions politiques, et Louis XV ne voulait plus qu'une coterie de cour dominât par son cœur. Ces sortes de liaisons élevées avaient des conséquences fort sérieuses au point de vue de la famille. Quand le Roi avait des enfants de ses

(1) Noël de cour, avril 1751.

maîtresses de grande naissance, il était pressé, entouré pour les reconnaître, pour les légitimer et alors il fallait des apanages, des dotations considérables, des propriétés de la couronne. Combien n'avaient pas coûtés à Henri IV les ducs de Vendôme et même Beaufort? Et à Louis XIV cette longue suite de légitimés qui avait abouti aux intrigues du duc de Maine sous la Régence? Les bâtards, reconnus, légitimés, apanagés, étaient un embarras quand ils ne devenaient pas un danger pour la monarchie. Le Roi avait conservé du Régent cette antipathie pour les légitimés, et bien que le duc de Penthièvre fût l'expression de la plus sainte vertu, Louis XV n'avait aucun entraînement pour lui.

Louis XV eut des enfants naturels, ressemblant à sa belle figure, traits pour traits. Ne serait-ce que ce joli abbé de Luc, qu'on appelait le demi Louis, à cause de la similitude (1); le Roi fit un sort à chacun de ses enfants, des dots aux filles, modestes et honorables, qu'il maria à des gentilshommes; il n'éleva jamais ses bâtards jusqu'à l'égalité de ses parents et des princes de sa lignée, et en cela le Roi rendit hommage à l'esprit de famille. Il

(1) Le petit abbé de Luc était adoré par ses sœurs, Mesdames filles de Louis XV, si gracieuses et si bonnes pour les enfants de leur père.

ne voulut jamais avoir que des charges personnelles sur sa cassette pour des pensions et ne plus grever l'État de lourds apanages. A travers ses faiblesses que je ne justifie pas, le Roi prenait un soin particulier de sa dignité de famille, sentiment que ne gardait pas toujours Louis XIV.

Le roi habita Choisy durant les quartiers d'hiver de 1744; toujours préoccupé de sa jolie Diane de l'Hôtel-de-Ville. Je me hâte de passer à travers les détails d'une intrigue de bal. Car bientôt il fut question d'un attachement sérieux. Au château d'Étioles, indépendamment des convives ordinaires, Voltaire, Helvétius, Montesquieu, Bernis (1), Fontenelle (qui avaient vu l'enfance de madame d'Étioles), venaient habituellement, le duc de Richelieu, le prince de Soubise, le comte de Chauvelin, les amis de Louis XV. L'objet constant de la causerie était toujours le Roi ; ses chasses hardies, la beauté de ses traits, les grâces parfaites de ses manières. Tant que la duchesse de Châteauroux avait vécu, madame d'Étioles n'espérait pas la remplacer, et trop habile pour accepter un rôle secondaire et de passage, elle attendait avec coquetterie que le temps vînt. Toujours très-empressée aux chasses du Roi dans la forêt de

(1) L'abbé de Bernis avait son logement au château. Les poëtes y habitaient constamment.

Sénart, son apparition au bal de l'Hôtel-de-Ville, avait été comme le couronnement de sa pensée ambitieuse. Madame de Châteauroux n'existait plus, le poste était vacant à Versailles.

La jeune d'Étioles suivait, disait-on, les conseils du duc de Richelieu très-fidèle jusqu'à sa mort à la duchesse de Châteauroux. Une justice à rendre aux Richelieu, c'est que jamais aucune femme dans leur famille n'avait aspiré au titre toujours avili de maîtresse du Roi, différant ainsi des Noailles, des Mortemart, qui devaient une partie de leur éclat, de leur richesse et de leur grandeur aux favorites (1). Le duc de Richelieu était l'ami, le conseiller des maîtresses de Louis XV, mais il n'aurait jamais souffert que sa femme (une Guise) ou sa sœur, ou sa fille, depuis comtesse d'Egmont, devînt la favorite même du Roi de France. Les Richelieu à travers la légèreté apparente de leur caractère, gardaient quelque chose de l'empreinte superbe du grand Cardinal en tout ce qui touchait la pureté de leur blason.

Le triomphe de madame d'Étioles fut une négociation plus sérieuse qu'on ne l'a écrit. Louis XV déjà fortement ébranlé durant sa maladie à Metz par les pensées de concessions, pouvait accepter

(1) Mesdames de Montespan et de Maintenon.

les conditions du parti du Dauphin et faire un ministre de son choix. Après la mort de la duchesse de Châteauroux (triste épisode qui avait profondément secoué le cœur et l'âme du Roi) il fallait lui donner une amie qui se prononçât contre le système trop sentimental de Monseigneur.

C'est dans ce but que le duc de Richelieu et les amis du Roi, Soubise, Chauvelin, d'Ayen, portèrent les yeux sur madame d'Étioles. Par ses liaisons elle appartenait à l'école philosophique. Elle était ferme, dessinée dans l'esprit du xviiie siècle. Madame d'Étioles devenue favorite sans avoir, par sa famille, l'importance nobiliaire de madame de Châteauroux, maintiendrait le parti fier et glorieux de l'honneur national, en secouant la sensibilité extrême et la tendance pacifique du Dauphin. Liée avec les financiers comme la marquise de Prie, elle pourrait facilement trouver des emprunts, des liquidations, des ressources pour répondre à la situation difficile des finances au milieu des sacrifices de la guerre. Enfin, elle ferait goûter au Roi des distractions que jusqu'ici il avait un peu trop dédaignées: les jouissances de l'esprit, des beaux-arts et de la littérature. Madame d'Étioles, peintre, graveur, musicienne, donnerait au Roi les plaisirs, toute la gaieté d'un salon; douée des charmes infinis d'une causerie brillante et ornée, elle entraînerait Louis XV par un mot, par une juste considération, car elle était à la fois femme d'esprit et d'affaires.

D'après la chronique scandaleuse, la première entrevue fut préparée (1) dans l'hôtel de M. Lenormand de Turneheim, rue des Petits-Champs, hôtel qui s'étendait avec les jardins, rue du Bouloi près de l'hôtel des fermiers-généraux dont M. de Turneheim était syndic. Ces petits détails de boudoir ont peu d'importance : le Roi s'y rendit plusieurs fois dans le plus grand incognito et trouva un charme particulier à la causerie de madame d'Étioles. Il n'existe, je le répète, aucun portrait qui se rattache à cette première période de jeunesse et de grâce de madame d'Étioles. Le pastel de Latour, le portrait, œuvre si finie de Boucher (2), se reportent à des périodes de la vie plus avancée ; dans tous ses portraits, la marquise a de beaux yeux, le front haut, le nez un peu fort, la bouche grande, mais ce que le pastel et la peinture ne pouvaient rendre, c'est l'extrême vivacité du regard, le jeu charmant de sa physionomie, l'esprit infini d'une causerie inépuisable ; puis une raison pénétrante qui allait à la solution immé-

---

(1) Janvier 1745.
(2) Madame de Pompadour servit aussi de modèle à Boucher pour son tableau de Vénus enchaînée par l'Amour.

diate des affaires. Enfin mille talents réunis de l'artiste qui peignait et gravait à ravir et par-dessus tout, une sensibilité extrême qui s'associait à toutes les gloires, à toutes les joies, à toutes les inquiétudes du Roi pour les apaiser et les distraire.

Madame d'Étioles multipliait les ressources de son esprit ingénieux pour captiver Louis XV. Une toilette toujours choisie et pleine d'invention, des fantaisies de meubles, des objets d'art et des tapisseries se succédant avec rapidité dans les mille riens d'une vie élégante; la passion des bâtiments, des jardins, des points de vue, ces féeries que la puissance du goût et de la fortune peuvent créer; une variété incessante de distractions, voyage, chasse, comédie, beaux-arts : c'était toujours Armide et ses enchantements consacrés au plaisir du Roi. Tout se passait jusque-là dans le plus grand mystère. Madame d'Étioles suivit secrètement le Roi dans cette campagne de 1745, couronnée par Fontenoy : il n'y eut ni publicité, ni scandale au milieu de l'armée. Le maréchal de Saxe se faisait suivre par le théâtre de madame Favart; les dames de la cour s'attachaient aussi à quelques gentilshommes. Madame d'Étioles voulut avec hardiesse suivre le camp et partager les fatigues du Roi; elle y montra de la fermeté, du dévouement, du courage, elle y parut vêtue en jeune mousquetaire, et le duc de Richelieu la prit sous son aile, dans ce qu'il appelait son bagage élégant; il n'était pas rare alors de voir des dames sous les tentes des chevaliers : beau souvenir du moyen-âge.

VI

1744-1745.

La faveur de la jeune et belle madame d'Étioles devait être le triomphe de la coterie des gens de lettres, des philosophes, et c'était une tâche difficile, un résultat immense à obtenir auprès de Louis XV qui ne les aimait pas : mais l'attitude un peu trop sévère et maladroite qu'avaient prise les amis du Dauphin durant la dernière maladie de Sa Majesté, les conseils persévérants du duc de Richelieu, les charmes spirituels de madame d'Étioles déterminèrent le Roi à une publicité que pendant six mois il avait évitée avec un grand soin.

La première condition d'une vie commune à Versailles, à Choisy, fut la séparation de corps et de biens de madame d'Étioles avec son mari, séparation qui fut judiciairement prononcée par le Châtelet (1).

(1) Tout ce qu'on a dit d'un accommodement de M. d'Étioles avec la marquise de Pompadour, est pure médisance des faiseurs de Mémoires. M. Lenormand d'Étioles partit pour la province avec une commission de la compagnie des fermiers-généraux.

M. Lenormand d'Étioles avec beaucoup de dignité s'éloigna de Paris, en acceptant une haute inspection dans les fermes-générales, avec la survivance de la charge de son oncle (1); il ne demanda rien au Roi, la petite Alexandrine sa fille resta aux soins de madame d'Étioles qui la mit au couvent.

Il fut ensuite convenu que madame d'Étioles changerait son nom avec son titre pour effacer toute trace du passé; et l'on trouva que le titre et le marquisat de Pompadour avaient fait retour au domaine (2). C'était un nom illustre de la province du Limousin, la plus riche en fortes gentilhommeries; c'est pourquoi Louis XIV qui n'aimait pas la noblesse indépendante et provinciale, l'avait fait ridiculiser en M. de Pourceaugnac de la province du Limousin par son pamphlétaire et spirituel tapissier Pocquelin de Molière (3). Le Roi donna donc le titre de marquise de Pompadour à madame d'Étioles avec un revenu suffisant pour tenir son salon (4). De cette manière madame d'Étioles ne compromettait plus le nom de son mari dont elle était légalement séparée : ce

(1) Février 1745.
(2) Il avait été concédé au prince de Conti : Louis XV le racheta.
(3) Voir mon *Louis XIV*.
(4) Le dernier des Pompadour avait été compromis dans la conspiration de Cellamare.

nom d'Étioles fut entièrement oublié, et l'on ne connut plus que celui de la marquise de Pompadour. Comme il fallait également assurer un revenu à la nouvelle marquise, et que la terre de Pompadour était un titre seulement avec moins de 4,000 livres de rente, le Roi acheta pour madame, le marquisat de Crécy en Brie, de 25,000 livres de revenu.

Comme dame titrée, la nouvelle marquise dut être présentée au Roi, à la Reine, aux princes et aux princesses de la famille. Elle accomplit ce devoir avec une convenance, une dignité parfaites, conduite par la princesse de Conti que le Roi en chargea : les révérences furent élégantes : la Reine adressa quelques paroles bienveillantes à la marquise ; elle lui fit même des questions fort gracieuses sur plusieurs des dames qu'elle avait connues (1). La marquise en saluant la Reine avec un respect particulier lui répondit : « Madame, je désire passionnément accomplir tout ce que Votre Majesté m'ordonnera pour son service. » Au reste, la marquise de Pompadour n'eut encore à cette période aucune fonction auprès de la Reine. Son séjour habituel fut Choisy, petite maison du Roi

(1) Les premières amies de madame de Pompadour étaient la duchesse de Lauraguais, la marquise de Bellefond et madame d'Estrades.

qu'elle préférait à toutes les autres. Ce fut elle qui confirma au château et au bourg le nom de *Choisy-le-Roi* qui lui est resté après la dévastation, les ruines et les tristes ravages de l'esprit industriel (1).

L'avénement de madame de Pompadour opéra un changement surtout dans le système financier. La marquise mit aux pieds du Roi tout le dévouement des fermiers-généraux que le contrôleur Orry avait blessés, et qu'elle fit remplacer par M. de Machault, lié aux intérêts de la ferme-générale, esprit très-avancé dans les théories de la nouvelle école (2). On était en pleine guerre. La campagne qui allait s'ouvrir imposait des sacrifices d'argent et nécessitait des emprunts. M. de Machault, de concert avec la marquise, ne reculait devant aucun plan, devant aucune nouveauté : les idées religieuses n'étaient point chez lui ardentes, et le respect du passé n'était point un culte. M. de Machault, économiste hardi, espérait obtenir du Roi par l'ascendant de la marquise l'autorisation de faire servir une partie des biens du clergé aux dettes de l'État. Frédéric de Prusse

(1) Il ne reste pas trace du château royal de Choisy, pas même un buste à la maison commune pour rappeler le souvenir du Roi, son bienfaiteur.

(2) Machault d'Arnouville, ami du comte d'Argenson. Sa nomination est de décembre 1745.

conseillait fort cette spoliation à M. d'Argenson. La marquise, très-avancée dans ces idées, avait-elle assez d'ascendant pour les faire accepter par le Roi ? C'était difficile, car Louis XV était l'expression d'un respect profond pour l'Église.

Avec madame de Pompadour, le parti philosophique essaya d'entrer dans les affaires : Voltaire en tête recevait une mission et un poste au département des affaires étrangères. Il faut être juste envers lui : ses livres, à travers sa triste monomanie d'impiété, révèlent des idées pratiques et fermes, le respect pour la hiérarchie d'État, les distinctions et l'aristocratie, le dédain pour les parlements et le mépris pour les classes infimes de la société. Voltaire était aristocrate par goût; il aimait les cours, et les coups d'autorité, il fut loyal dans son attachement pour Louis XV. Ce prince, quoiqu'il n'aimât pas passionnément les gens de lettres, accueillit bien Voltaire qui désormais le loua sans mesure (1). Il disait au Roi dans son poëme de Fontenoy :

> Quoi, du siècle passé le fameux satirique
> Aura fait retentir la trompette héroïque,
> Aura chanté du Rhin les bords ensanglantés,
> Ses défenseurs mourants, ses flots épouvantés,

(1) Tout ce que Voltaire a écrit sur Louis XV est précis, clair, imparfait, mais juste.

Son dieu même en fureur, effrayé du passage,
Cédant à nos aïeux son onde et son rivage ;
Et vous, quand votre Roi, dans des plaines de sang
Voit la mort devant lui voler de rang en rang,
Tandis que de Tournay foudroyant les murailles,
Il suspend les assauts pour courir aux batailles ;
Quand des bras de l'hymen s'élançant au trépas,
Son fils, son unique fils suit de si près ses pas ;
Vous, heureux par ses lois et grands par sa vaillance,
Français, vous garderiez un indigne silence,
Venez le contempler aux champs de Fontenoi.
O vous, gloire, vertu, déesses de mon Roi,
Redoutable Bellone et Minerve chérie,
Passions des grands cœurs, amour de la patrie,
Pour couronner Louis prêtez-moi vos lauriers,
Enflammez mon esprit du feu de nos guerriers (1).

Ces vers, au reste fort médiocres, étaient destinés au marquis d'Argenson, alors ministre aimé de la marquise, philosophe comme M. de Machault, et qui avait assuré à Voltaire une position d'écrivain politique dans le département des affaires étrangères. Madame de Pompadour avait un secret penchant pour cette plume spirituelle, pour cette netteté de style qui rendait si bien les pensées les plus sérieuses ; et comme l'esprit chevaleresque de la marquise éprouvait de vives sympathies pour les entreprises du prince Édouard, de concert avec M. d'Argenson, elle chargea Voltaire de rédiger le manifeste du roi de France et

(1) Poëme sur la bataille de Fontenoy.

celui du prince lui-même, lors de son débarquement en Angleterre (1). Les idées de gloire et de malheur allaient merveilleusement au caractère artistique et un peu exalté de la marquise.

Voltaire avait des côtés charmants de son esprit qui devaient toujours plaire, la grâce de la pensée et la délicatesse élégante de ses éloges ; courtisan spirituel et délicat, à plus de cinquante-six ans, déjà il avait vu et touché, comme le maréchal de Richelieu, le règne de Louis XIV, pour lequel le roi Louis XV gardait une profonde admiration. Voltaire, qui avait écrit la *Henriade* et *Zaïre*, se tenait avec une parfaite convenance dans un salon. Tout à fait aux ordres de madame de Pompadour, il caressait de ses plus jolis vers les couronnes de roses de la marquise, artiste ravissante, avec le goût infini du théâtre. Ce fut par ses ordres qu'il composa à l'occasion du mariage du Dauphin, un divertissement sous le titre de : *La Princesse de Navarre*, comédie-ballet en trois actes. « Le Roi, disait-il, a voulu donner un spectacle pour les yeux, tel que toutes les nations peuvent les donner, et qui passent avec l'éclat qui les accompagne, ne laissant aucune trace après eux ; il a commandé un spectacle qui pût servir à la fois

(1) Je les ai donnés dans mon *Louis XV*.

d'amusement à la cour et d'encouragement aux beaux-arts, dont il sait que la culture contribue à la gloire de son règne (1). » Ainsi disait Voltaire dans cette langue élogieuse que parlait Boileau, s'adressant à Louis XIV pour les grandes fêtes de Versailles : à chaque acte de la pièce, des allusions au Roi, à sa gloire, à sa grandeur.

> Par les mains d'un grand Roi,
> Le fier dieu de la guerre
> A vu les remparts écroulés
> Sous les coups redoublés
> De son nouveau tonnerre,
> Je dois triompher à mon tour ;
> Pour tout changer sur la terre,
> Un mot suffit à l'amour.

Ces derniers vers, d'un parfum si galant, s'adressaient à madame de Pompadour, dont un mot suffisait pour tout changer sur la terre. C'est encore à l'intention de la marquise qu'il compose à la fin de la campagne, une espèce de pièce féerique, plus médiocre encore que *La Princesse de Navarre*, et sous le titre de : *Le Temple de la Gloire*, allégorie où paraissaient tour à tour l'Envie, Apollon, les neuf Muses, des bergers et des bergères, le grand-prêtre de la Gloire, Bacchus, Érigone, neuf Bacchantes, six Satyres, prêtres de

(1) Préface de *La Princesse de Navarre*.

Mars et de Vénus, Plotine, Junie et Trajan. Dans ce vaste symbolisme, Louis XV était Trajan, et madame de Pompadour Plotine qui, s'adressant au maître du monde, lui disait :

> Reviens, divin Trajan, vainqueur doux et terrible,
> Le monde est mon rival, tous les cœurs sont à toi ;
> Mais est-il un cœur plus sensible
> Qui t'adore plus que moi ?
> Grands dieux ! Vous habitez en cette âme si belle
> Et je la partage avec vous.

Et le chœur reprenait après Plotine, comme dans les pièces antiques :

> Toi que la victoire
> Couronne en ce jour,
> Ta plus belle gloire
> Vient du tendre amour.

Trajan s'adressait à ses soldats et au peuple romain assemblé :

> Peuple de héros, qui m'aimez et que j'aime,
> Vous faites mes grandeurs,
> Je veux régner sur vos cœurs.

Et l'empereur montrant Plotine comme une allusion à madame de Pompadour, s'écriait :

> Sur tant d'appas et sur moi-même (1).

(1) *Le Temple de la Gloire*, opéra en cinq actes. Novembre, 1745. La préface est toute mythologique.

Toutes ces pièces, d'ailleurs fort goûtées, étaient représentées à Choisy, à Versailles et à l'Opéra. Voltaire faisait le dialogue, M. de la Popelinière (le fermier-général si lettré) se réservait les vers, et Rameau la musique. La marquise avait mis à la mode les opéras à grands changements à vue : les palais, les bois, les jardins, car elle aimait les artistes. Elle se passionnait pour ce mélange de la musique, des vers, du dialogue et des décors dessinés par Watteau, Lancret et Boucher. Il y avait même des personnages dansants au premier acte : huit démons, sept héros, les neuf Muses.

A la représentation solennelle du *Temple de la Gloire*, Voltaire, placé dans la loge du Roi, s'animant théâtralement d'un transport un peu ridicule, s'était jeté à ses pieds : « Trajan est-il content? » Louis XV, étonné, blessé même de cette familiarité grotesque, lui avait répondu assez sèchement : « Oui, Voltaire, c'est bien ! » Mais la marquise, le soir même, obtint du Roi qu'il attacherait Voltaire à sa maison, avec le titre de gentilhomme de la chambre. La marquise fit tous les frais de la dignité, et permit même à son poëte de vendre sa charge en gardant les honneurs, ce qui était un cadeau de 150 mille livres. Voltaire, fort rapace, accepta tout de la main de madame de Pompadour. Depuis, il fut à la fois rampant et ingrat; car, mécontent et payé par le roi de Prusse, il railla cette jeune femme qui l'avait abrité royalement à Étioles et à Choisy.

> Mon Henri IV et ma Zaïre,
> Et mon américaine Alzire
> Ne m'ont jamais valu un seul regard du Roi,
> J'avais mille ennemis avec très-peu de gloire;
> Les honneurs et les biens pleuvent enfin sur moi
> Pour une farce de la foire (1).

(1) Epîtres de Voltaire.

VII

1745-1746.

Le caractère particulier du xviiie siècle est celui d'une vie douce et facile, d'un bonheur riant qui respire dans toutes ses créations : poésie, musique, peinture; pas de sombres idées dans les arts et dans les œuvres de l'esprit. On existe au milieu des roses de mai, des cascades et des bosquets mythologiques; la société n'est pas une grande affairée, comme le Juif-Errant qui se montre toujours avec la fatalité de ses cinq sous ; elle aime, elle use de toute la délicatesse de ses sens, de la partie heureuse et riante de ses passions. Les poëtes qui entouraient madame de Pompadour formaient une société charmante, et Gentil Bernard, secrétaire des dragons et du duc de Coigny, y composait son *Art d'aimer.* Choisy devint le lieu ravissant des fêtes dont Gentil Bernard (1) fut l'ordonnateur, et l'on cita longtemps celle du

---

(1) Gentil Bernard avait suivi le duc de Coigny en Italie ; la place de secrétaire de dragons lui valait 24 mille livres, et il en recevait 12 mille comme sous-gouverneur de Choisy.

1ᵉʳ mai, en l'honneur de la marquise et du retour des fleurs. Les jardins de Choisy avaient la renommée des plus splendides bosquets de lilas, de pervenches et de roses ; et dans cette fête, la marquise, comme Vénus, fut placée sur un trône d'œillets et de marguerites pour y régner.

A l'époque où la toute jeune madame d'Étioles réunissait dans son château, artistes et poëtes, avec une grâce particulière, on remarquait parmi les plus assidus de ses convives, un élégant abbé, du nom de Bernis, d'une figure gaie, ouverte, grosse et rebondie, et pourtant très-distinguée (ce qui se rencontre quelquefois) ; issu d'une grande famille du Vivarais (1), chanoine, comte de Lyon, il était venu à Paris, mais si pauvre, que M. de Ferréol avait été obligé, plus d'une fois, de lui prêter un écu de trois livres pour prendre un fiacre, quand il allait dans le monde. Il y était fort apprécié par son esprit plein de grâce et sa douce facilité à faire des vers. Tout jeune homme, on pouvait justement reprocher à l'abbé de Bernis de ne pas être assez dans la gravité de son état, et le sévère cardinal de Fleury lui avait déclaré que jamais il n'aurait de lui la moindre fonction ecclésiastique. Bernis, réfugié

(1) Bernis était né le 22 mai 1715, à Saint-Marcellin de l'Ardèche.

dans le salon tout financier du château d'Étioles, s'était rattaché à la fortune nouvelle de la marquise de Pompadour à Choisy. De la poussière humide de ces cascades bouillonnantes, au milieu de ces charmilles de lilas et de tubéreuses, de ce groupe de statues sans voiles, de ces vases antiques entourés de guirlandes, il s'élevait un parfum d'amour et de volupté enivrante, et Bernis célébrait la divinité du lieu avec la douce parole de Tibulle.

    Ainsi qu'Hébé, la jeune Pompadour
      A deux jolis trous sur la joue,
    Deux trous charmants où le plaisir se joue,
    Qui furent placés par la main de l'Amour ;
    L'enfant ailé, sous un rideau de gaze,
    La vit dormir et la prit pour Psyché.
    Qu'elle était belle ! à l'instant il l'embrasse,
    Sur ses appas il demeure attaché ;
    Plus il la voit, plus son délire augmente,
    Et persiste dans sa douce erreur.
    Il veut mourir sur sa bouche charmante,
    Heureux encor de mourir son vainqueur.
      Enivré des roses nouvelles
      D'un teint dont l'éclat l'éblouit,
Il la touche du doigt, elle en sort plus belle,
Chaque fleur sous sa main s'ouvre et s'épanouit.
Pompadour se réveille et l'Amour en soupire,
Il perd tout son bonheur en perdant son délire,
L'empreinte de son doigt forme le joli trou,
    Séjour aimable du sourire
    Dont le plus sage serait fou (1).

(1) *Les petits trous*, conte, 1746. Œuvres de Bernis.

Ces vers païens, qu'on dirait dérobés à Catulle, forment un étrange contraste avec le caractère sacré de l'état ecclésiastique ; mais cette société du XVIIIe siècle était ainsi faite : elle fascinait, elle enivrait les esprits les plus graves, jusqu'au réveil terrible de la Révolution française, juste châtiment de tant d'oublis du devoir. Le jeune Bernis continuait :

> On avait dit que l'enfant de Cythère
> Près du Lignon avait perdu le jour ;
> Mais je l'ai vu dans les bois solitaires
> Où va rêver la jeune Pompadour.
> Il était seul, le flambeau qui l'éclaire
> Ne brillait plus, mais les prés d'alentour,
> L'onde et les bois, tout annonçait l'Amour (1).

Bernis fut le poëte pindarique de la marquise de Pompadour. A Choisy, sous la treille, au pied des autels élevés à la volupté et à l'oubli du monde, Bernis disait encore :

> Qu'est-ce que l'Amour ? C'est un enfant, mon maître,
> Il l'est du berger et du roi.
> Il est fait comme vous, il pense comme moi,
> Mais il est plus hardi peut-être.

Et cette ode au dieu, l'âme de l'univers, à l'Amour, le Pan de l'antiquité qui se résumait par cette délicieuse invocation :

(1) Vers à madame la marquise de Pompadour.

> Le connais-tu, ma chère Éléonore (1),
> Le tendre enfant qui te suit en tous lieux, etc.

Le séjour habituel dans de délicieuses campagnes, le doux murmure des eaux, la fraîcheur des ombrées, le parfum des fleurs, l'harmonie céleste, le gazouillement des oiseaux, tout ce peuple de Nymphes, sculptées par de grands artistes, ces aspects si divers se prêtaient admirablement à ces idylles des bois, à ces dialogues de ces hauts gentilshommes, de belles marquises, de petits abbés galants et poupards, de chevaliers de Malte, au cordon noir, groupés au bord des fontaines, à ces rendez-vous de chasse où pétillait le vin de Champagne dans des coupes fines et dorées. Bernis, charmant à table, improvisait de délicieux couplets à madame de Pompadour.

> Les Nymphes dans Cythère,
> Faisaient un jour
> Un éloge sincère
> De Pompadour ;
> Le trio des Grâces sourit,
> L'Amour applaudit,
> Et Vénus bouda.
> Gai ! lanla ! lanla (2) !

(1) Ces vers sont intitulés *Chanson*. Si au reste on veut trouver la contre-partie de tous les éloges et les plus satiriques et orduriers couplets sur madame de Pompadour, on n'a qu'à lire *Recueil Maurepas*, tome XXXIII, 81, 104, 140, 141 ; tome XXXIV, 14, 147, 207, 343.
(2) Couplets à madame de Pompadour, 1746.

Vénus, les Grâces, l'Amour, triade païenne qui dominait cette société, étaient invoqués par toute la génération. A côté de Bernis et de Gentil Bernard, parmi les plus protégés de la marquise il faut compter Marmontel (1), cet esprit charmant, surtout avant sa seconde et ennuyeuse manière qui lui fit créer sa plate composition de Bélisaire : Marmontel écrivait ses petits contes, les délices du temps ; alors à trente ans, plus amant du plaisir que philosophe dissertateur, s'il avait composé d'ennuyeuses tragédies, il s'était aussi fait connaître par des poésies consacrées à l'éloge de Louis XV. Marmontel fut longtemps un des hôtes de M. de la Popelinière, dans sa charmante résidence de Passy, ou dans sa belle maison de la barrière Blanche, hôtel plus beau que l'Élysée de Beaujon (il s'est fait dix hôtels et soixante maisons, des débris du seul jardin de M. de la Popelinière). Marmontel avait été appelé à Choisy par madame de Pompadour, qui lui fit obtenir du Roi le privilége du *Mercure*, avec la place de secrétaire des bâtiments quand le marquis de Marigny en eut obtenu l'intendance. A cette époque il existait une multitude de positions qui donnaient vingt, trente mille livres de rentes aux poëtes, aux gens

(1) Il était né le 25 juillet 1725, élève des Jésuites.

de lettres. Gentil Bernard secrétaire du colonel-général des dragons, touchait 24 mille livres; Voltaire avec sa charge de gentilhomme de la chambre se faisait un boni de 150 mille livres. C'étaient des abus, dit-on : est-ce que les gens d'élite et d'esprit vivent d'autre chose que d'abus, de priviléges et d'exceptions !

Marmontel n'oublia jamais les bienfaits qu'il avait reçus de la marquise de Pompadour, sa protectrice aimée. C'est dans les Mémoires de Marmontel qu'on peut prendre une juste et véritable idée de cette belle et noble protection, si pleine de délicatesse que la marquise de Pompadour accordait à la misère, aux arts, à l'esprit (1). Ce n'était pas l'aumône administrative qu'on jette à l'artiste, au poëte dans les époques modernes ; mais une grâce, une façon particulière d'accorder des places, des distinctions et d'aimables souvenirs. Chaque dimanche à deux heures dans le charmant boudoir de Choisy, madame la marquise recevait librement les gens de lettres, et ses trois auteurs favoris, Duclos, Bernis et Marmontel. Duclos l'historiographe, logé aux frais du Roi dans l'hôtel des affaires étrangères avec 12 mille livres de pension. Bernis si gâté par la marquise qui lui avait meublé un joli

(1) La seule direction du *Mercure* valait à Marmontel plus de 20 mille livres par an.

appartement dans le château des Tuileries ; toutes les fantaisies d'art de ce salon venaient de la main de madame de Pompadour, et ceci était mieux que de donner : Marmontel, Gentil Bernard, les véritables ordonnateurs des fêtes de Choisy, écoutaient les avis, les conseils d'une artiste qui les recommandait ensuite au Roi par des à propos, des compliments d'une bonté touchante.

Cette protection de la marquise n'oubliait aucun mérite : le vieux Crébillon, cassé, maladif, n'avait pour lui que le grand éclat de ses tragédies. En vain on répéta à la marquise que Crébillon le fils dans ses contes licencieux faisait des allusions au roi Louis XV et à ses amours. La marquise ne fut pas arrêtée dans ses bontés pour Crébillon l'ancien ; elle lui fit accorder une pension de 3,000 livres avec logement au Louvre, le titre de bibliothécaire de Choisy avec 5,000 livres. Après la représentation brillante de *Catilina*, madame de Pompadour obtint l'honneur d'une impression gratuite des œuvres de Crébillon à l'Imprimerie Royale (1) ; elle en grava elle-même les culs de lampe : fou de joie de tant d'honneur, l'excellent Crébillon alors à quatre-vingt-un ans, vint à Choisy pour remercier la marquise souffrante ; et toujours empressée de

(1) C'est l'édition du Louvre. Paris, 1750, 2 vol. in-4°.

l'accueillir, elle le fit asseoir jusque dans la balustrade de son lit. Tandis que le poëte prenait avec transport la main de la marquise, le Roi entra, et Crébillon eut un à propos charmant : « Ah ! madame, nous sommes perdus, le Roi nous a surpris. » Louis XV rit beaucoup de cette exclamation du vieux poëte, baisant la main de la marquise, comme un amant en bonne fortune.

La faveur de Crébillon auprès de Louis XV blessa profondément Voltaire, et ce fut une des causes de sa mauvaise humeur contre madame de Pompadour; Fontenelle, vieux comme Crébillon, en était également blessé. Le Roi ne pouvait souffrir le traducteur des *Oracles* de Van Dale, blasphème contre les saintes Écritures ; cet homme égoïste dont on écrivait :

> Depuis trente ans un vieux berger normand
> Aux beaux esprits s'est donné pour modèle.
> Il leur enseigne à traiter galamment
> Les grands sujets en style de ruelle.
> Ce n'est pas tout, dans l'empire femelle
> Il brille encor, malgré son poil grison.
> Il n'est caillette, en honnête maison,
> Qui ne se pâme en sa douce faconde (1).

Cependant Fontenelle eut plus d'une fois besoin de madame de Pompadour, qui ne manqua jamais

(1) Cette épigramme est de J.-B. Rousseau.

à son mérite; il reste de lui plusieurs placets à la marquise, et Voltaire put imprimer des vers à son éloge :

> C'était le discret Fontenelle,
> Qui par les beaux arts entouré
> Répandait sur eux à son gré
> Une clarté vive, et nouvelle;
> D'une planète à tire d'aile,
> En ce moment il revenait
> Dans ce lieu où le goût tenait
> Le siége heureux de son empire (1).

Le goût tel que le comprenait la marquise de Pompadour n'était pas le pédantisme philosophique de madame du Châtelet. Louis XV aimait à la fois les sciences exactes et pratiques, les productions légères de l'esprit, les travaux vifs et les distractions qui secouent la vie.

Le château de Choisy était le séjour des grâces et du plaisir, la marquise réunissait l'esprit et la gaieté; elle dansait avec la spontanéité d'un enfant; et comme le Roi aimait les rondes, elle composa le chant si frais, si enfantin, si populaire, *Nous n'irons plus au bois;* comme la marquise de Prie pour amuser les Condé avait composé le chant de *La tour, prends garde,* petit drame entre le duc de Bourbon, son fils, le capitaine et les gardes de son Altesse.

(1) Voltaire, *Le Temple du Goût.*

Que de fraîcheur, de gaieté, de poésie dans la jolie ronde :

> Nous n'irons plus au bois,
> Les lauriers sont coupés,
> Les belles que voilà les iront ramasser.

« Et la cigale qui dort, il ne faut pas la blesser, le rossignol viendra la réveiller, et la fauvette avec son doux gosier, et Jeanne la bergère avec son beau panier allant cueillir la fraise et la fleur d'églantier ! »

> Cigale, ma cigale, allons, il faut chanter,
> Car les lauriers du bois sont déjà repoussés.
> Entrez dans la danse ;
> Voyez comme on y danse,
> Sautez, dansez, embrassez
> Celle que vous aimez.

Il y a plus de vie, plus de poésie dans ce couplet de madame de Pompadour, que dans les conceptions pédantes et hautaines de tous les philosophes : on dirait une couronne de tubéreuses, de jonquilles, de jacinthes et de lilas au front d'un enfant ! Doux loisirs, aimable société où coulait si doucement la vie. Le Roi si difficile à amuser, prenait une grande part à ces joies, à ces enfantillages de la marquise, dansant, chantant la ronde avec un entrain de jeune fille ; la ronde était une danse éminemment française ; la voix qui se mêlait à la danse; le sentiment doux, joyeux et pur; toute une bande d'enfants chantant le rossignol, la cigale, la fauvette, l'églantier, la fraise autour des lauriers que le Roi venait de cueillir à Fontenoy.

Aussi Voltaire n'avait-il pas raison de dire de madame la marquise :

Ainsi vous réveillez
Tous les arts, tous les goûts, tout le talent de plaire,
Pompadour, vous embellissez
La cour, le Parnasse et Cythère.
Charme de tous les cœurs, trésor d'un seul mortel,
Qu'un sort si beau soit éternel,
Que vos jours précieux soient marqués par des fêtes,
Que la paix dans nos champs revienne avec Louis.
Soyez tous deux sans ennemis,
Et tous deux gardez vos conquêtes.

VIII

1750.

Dès sa plus extrême jeunesse, avant même son mariage avec M. Lenormand d'Étioles (1), la marquise de Pompadour avait cultivé les beaux-arts, comme une passion élégante : le dessin, la peinture, le pastel et spécialement la gravure, la distraction et je dirai presque le repos de tous les grands artistes du xviiie siècle ; après les pinceaux le burin. Cette ardeur pour les beaux-arts devint plus vive, et ses efforts plus grandioses, lorsque la marquise put régner en souveraine à Versailles, à Choisy, entourée de Bouchardon, de Boucher, de Parrocel, de Latour, du premier et très-jeune Vernet, de Vien, de l'architecte Gabriel ; elle put les encourager les aimer, ce qui est plus précieux

---

(1) A cette époque, madame de Pompadour perdit sa mère ; on ne respecta pas sa tombe. On fit cette abominable épigramme :

> Ci-gît qui sortant du fumier
> Put faire une fortune entière,
> Vendit son honneur au fermier
> Et sa fille au propriétaire.

encore pour les artistes éminents. Deux fois par semaine, elle les recevait à Choisy, elle travaillait avec eux, causait beaux-arts d'enthousiasme, et Louis XV partageait ses entraînements pour ses artistes de prédilection.

Entre tous, la marquise avait distingué un graveur sur pierre antique, de très-grand mérite, ardent comme un Provençal : il se nommait (1) Leguay, né à Marseille; presque enfant il avait voyagé en Italie, en Grèce, recueillant avec une vive joie les camées, les pierres gravées, les bijoux d'Athènes et de Rome, les précieux débris de la civilisation antique et de l'art païen si beau dans les monuments qui nous restent. Est-il travail plus fini, plus parfait que les camées antiques et les pierres gravées? Ces Satyres, ces Nymphes, ces sacrifices à Jupiter, à Junon, à Vénus, ces chœurs de joueurs de flûte autour du trépied, ces triomphes de César et ces têtes de Jupiter, Mercure, Apollon, Auguste, Néron, Caligula et même ces immondes et confuses priapées du musée secret de Naples ! Leguay en artiste éminent avait tout reproduit avec une perfection merveilleuse, depuis le nu si parfait du type grec jusqu'aux bois mystérieux où le pampre s'unissait au peuplier.

(1) Pierre Leguay était né à Marseille en 1715; il est mort en mars 1787.

Lui-même gravait sur l'onyx, le jaspe, la cornaline, l'émeraude et l'ivoire Il semblait avoir dérobé à l'antiquité ses secrets pour la pureté de l'ensemble et la perfection des détails. Les pierres gravées devinrent les plus précieux trésors des cabinets d'amateurs, si nombreux au xviiie siècle, temps d'heureux loisirs! La perfection des pierres gravées tirées de l'antique, exerça son immense influence sur la sculpture et la peinture. Leguay vivait familièrement à Choisy auprès de Louis XV et de la marquise de Pompadour.

Les travaux de Bouchardon (1) se ressentent déjà de ce contact avec l'antiquité; Versailles se peuplait de ses œuvres, et la vaste pièce d'eau de Neptune semble avoir été inspirée par l'étude d'un camée antique. Louis XIV conçut et laissa Versailles dans sa grandeur compassée. Louis XV et madame de Pompadour l'embellirent par la fantaisie. Bouchardon sous les inspirations de la marquise façonna la plupart des grandes pièces d'eau, les Dragons, les Chimères, Apollon et les Muses, et son nom à demi effacé par le temps, caché par la mousse verdâtre, se trouve encore sur ce beau Triton de la fontaine de Neptune (2), s'élançant de sa vaste coquille, soutenu par des

(1) Bouchardon est né en 1698.
(2) Il porte la date de 1736.

Amours qui domptent l'horrible Dragon. La mythologie, source immense de beautés artistiques, était la passion du xviiie siècle.

Madame de Pompadour commanda pour le jardin de Choisy à Bouchardon, un sujet charmant qu'elle dessina elle-même, l'Amour adolescent qui brisait la massue d'Hercule et le glaive de Mars pour en faire des carquois et des flèches, image de la puissance de l'amour sur la force matérielle. Ce fut encore sur ses dessins que Bouchardon prépara la statue équestre du Roi. Souvent aux pieds de Louis XV, la marquise cherchait à reproduire avec toutes les perfections de l'art les nobles traits du Roi, qui souriait à ses efforts. Elle était surtout applaudie, corrigée par Boucher, l'artiste si aimé de madame de Pompadour, alors dans toute la puissance de son talent (1). Élève de Baudoin, le peintre de sujets galants à la gouache, Boucher à vingt et un ans avait fait un voyage d'Italie, et sans se montrer dédaigneux pour l'art antique, il avait deviné que pour cette nation spirituelle et galante qui s'appelait la France, il fallait un art adapté à ses goûts, à ses fantaisies, gracieuse tentative qu'avait déjà accomplie Watteau (le plus admirable des créateurs) et avec lui

(1) Boucher était né en 1704.

Coypel, Carle Vanloo et de Troye, qui ne furent pourtant pas des modèles. Le caractère particulier de Boucher, son coloris nourri de jasmins et de roses pompons, correspondait à cette société de gentilshommes couverts de paillettes, et à ces belles marquises embellies de rouge et de mouches, la poudre aux cheveux.

Boucher s'inspirait de cette cour qui le recevait à Choisy, vivante et gracieuse lutte de l'art contre la nature : les bergers rubantés, les moutons pimpants, les Annette et Lubin en jupon de soie. Lorsque la nature est laissée à sa seule puissance panthéiste, elle n'a de beau que sa grandeur : les forêts s'entrelacent, l'homme est dur et sauvage : la verte campagne est étouffée par des herbes parasites, le fruit imparfait et sans saveur, la fleur étiolée ; c'est le génie de l'homme, la portion émanée de Dieu qui embellit la nature par une seconde création qui est l'art: la nature de fantaisie est la seule digne de plaire; il faut vingt modèles pour trouver le beau, et encore serait-il au-dessous de la perfection de l'art, s'il n'empruntait une couleur particulière à l'idéalisme.

Ainsi, loin de faire un reproche à Boucher de s'être éloigné de la réalité matérielle, il faut l'en louer. Le carmin d'une femme élégante (de madame de Pompadour) avait plus de beauté que la rougeur grossière et sanguinolente d'une nature campagnarde, et l'on s'explique très-bien que l'artiste ait préféré l'*Annette* représentée par madame Favart, aux vachères de Juvisy ou aux lavandières de Sèvres. C'est ce qui fit la supériorité du genre Pompadour, pimpant et rubanté, genre qui plaît précisément parce qu'il est faux et d'une nature de fantaisie. Tout est élégant dans les compositions de Boucher, l'arbre de la forêt, la vache avec des fleurs aux cornes, le mouton floqueté de faveurs roses, la bergère à la houlette, les bosquets si remplis de guirlandes, de vases de porphyre, les palais imaginaires, ces contes arabes traduits en français, les meubles idéalisés, paravents, chaises à porteurs, tapisseries, glaces, trumeaux (1). Les petits riens devenaient les objets sérieux de l'art, sous ce pinceau trempé dans l'essence de roses.

Si Boucher était le peintre de prédilection de madame de Pompadour, et à juste titre, ce goût n'était pas exclusif, et Vien, dont les études et le genre différaient si prodigieusement des études de Boucher, vivait aussi dans la familiarité artis-

---

(1) Boucher ne dédaigna pas de peindre les éventails, les paravents, les dessus de portes; ces débris sont devenus très-précieux.

tique de la marquise. Vien si ardent admirateur de l'antique, avait pour ami et élève le marquis de Marigny, le petit frère de madame de Pompadour, le plus aimable et le plus savant des jeunes hommes (1). Lorsque la marquise avait été admise aux honneurs de Choisy, son frère à dix-huit ans fut créé marquis de Vandières (2) en même temps que M. Lenormand de Turneheim, l'oncle de la marquise et syndic de la ferme-générale, le protecteur de Voltaire, le plus sérieux en même temps que le plus enthousiaste amateur des beaux-arts, était nommé à la surintendance des bâtiments. Cette place ou plutôt cette dignité était réservée au jeune marquis de Vandières, mais madame de Pompadour voulait que des études sérieuses et préliminaires élevassent son jeune frère jusqu'à la hauteur de ses fonctions.

Dans ce but, elle demanda au Roi la permission de faire voyager le jeune marquis de Vandières en Italie, non point en désœuvré pour y chercher des distractions, mais en artiste plein de zèle; et la permission obtenue, la marquise choisit elle-même les compagnons de voyage de son frère : Cochin, l'inimitable graveur du Roi, Soufflot, l'architecte tout nourri de fortes études,

(1) Vien était né en 1716.
(2) Ce fut depuis le marquis de Marigny.

enfin l'abbé Leblanc, un peu phraseur d'antiquité, mais très-versé dans le goût des arts et l'explication des médailles (1) : le marquis de Vandières demeura deux ans en Italie, à Rome, à Naples, il fit des fouilles sérieuses à Herculanum, à Pompéii, et à son retour le Roi qui avait un grand plaisir à l'écouter, lui confia la surintendance des bâtiments (2) et le créa marquis de Marigny, ce noble protecteur des arts, dont le nom s'est mêlé à mille œuvres artistiques, l'ami du premier des Vernet qui lui a dédié ses belles marines dessinées pour servir de dessus de portes à Choisy (3).

A cette époque du plus long séjour à Choisy, la distraction artistique de la marquise, ce fut le dessin et la gravure. La sollicitude des amateurs de l'art a conservé un volume (mince in-folio), intitulé *L'œuvre de la marquise de Pompadour* (4); et c'est avec une indicible émotion que j'examine, que je calque ces petites œuvres d'art d'une perfection achevée, au bas desquelles se trouve invariablement cette signature *Pompadour fecit*, comme si la marquise était fière et heureuse de s'associer

(1) Ils partirent en novembre 1749.
(2) Décembre 1751.
(3) Le marquis de Marigny fut créé depuis, marquis de Ménard.
(4) Cabinet des estampes (Bibliothèque Impériale). Je ne saurais trop louer la complaisance gracieuse de MM. les conservateurs et employés des estampes et gravures.

à ses camarades d'atelier. Dans cette œuvre variée la marquise grave les dessins signés indifféremment des noms de Boucher, de Vien, de Leguay, sans plus de prédilection pour les uns que pour les autres, elle signe toujours *Pompadour sculpsit*.

Son goût pourtant, on le voit, est surtout pour les pierres gravées imitées de l'antique, avec une habileté surprenante par Leguay. Elle grave, elle sculpte elle-même l'onyx, la sardoine, l'émeraude, la cornaline et l'ivoire; quelquefois la marquise se contente de se servir du burin, pour reproduire les œuvres des maîtres. En tête de ce précieux recueil que je parcours avec enthousiasme, se trouve le portrait de la marquise de Pompadour peint par Boucher et gravé par elle-même avec un fini du burin des beaux jours de l'école Flamande.

La première œuvre reproduit sur l'onyx un dessin fort travaillé de Vien qui représente en allégorie le triomphe de Louis XV à Fontenoy (1). Le Roi est sur un char antique, traîné par quatre chevaux comme les empereurs Romains. La Victoire, déesse aux ailes déployées, place au front du Roi une couronne de lauriers. On dirait la copie d'une

(1) Première planche de *L'œuvre de Pompadour*. (Bibliot. Impériale.)

médaille de Trajan. Dans la même planche est un médaillon, qui représente Louis XV gravé sur la sardoine par Leguay, et que le burin de la marquise a reproduit avec une perfection merveilleuse. Mais l'œuvre incomparable, c'est un sujet antique, gravé sur l'ivoire, composé de neuf figures principales : des Nymphes demi-nues jouent avec des Satyres et des enfants, sous les pampres d'une belle vigne entrelacée qui les couronne de ses grappes. La joie et l'ivresse dans le regard, ils s'étreignent et se pressent sous les ceps chargés de raisin : on croirait encore une copie dérobée aux bas-reliefs de la villa Borghèse (1).

Dans une autre œuvre gravée au burin, sont trois enfants gras et joufflus et raccourcis à la manière de Boucher; l'un boit dans une petite écuelle, l'autre agite un petit roseau, tandis que le troisième prépare et jette au vent des bulles de savon. Au-dessous on lit encore la signature accoutumée : *Pompadour sculpsit;* et à côté une admirable tête gravée sur la sardoine et l'onyx, qui représente la Paix. Une autre encore de Vien représente Apollon couronnant le génie de la peinture et de la sculpture (2).

(1) On trouve cette belle œuvre reproduite dans le rare catalogue des objets d'art du marquis de Ménard, qui fut imprimé lors de la vente de son cabinet.
(2) Quatrième planche.

On trouve sur l'onyx une femme aux longs vêtements, enveloppée dans les plis de sa robe, comme une vestale qui offre un sacrifice aux dieux, pour le rétablissement de monseigneur le Dauphin: *Vien delineavit, Pompadour sculpsit,* et sur cornaline Minerve, protectrice de la gravure; galante allusion de Vien au talent de la marquise, tandis que Boucher dessinait le génie de la poésie, avec une pensée de reconnaissance envers cette jeune artiste qui se mêlait aux travaux de l'atelier, sans morgue et sans protection hautaine. Madame de Pompadour sculpta sur l'agate l'Amitié par Boucher, la divinité de son foyer; c'est le sentiment qu'elle voudrait inspirer au Roi, sentiment stable et puissant, après l'amour ardent et passionné. Elle grava sur une belle topaze de l'Inde le temple également de l'Amitié, œuvre de Boucher, puis le cachet du Roi sur émeraude, et sur cornaline les portraits du Dauphin et de la Dauphine.

Avec cette signature *Pompadour sculpsit,* on trouve encore une magnifique tête de Satyre, gravée sur l'onyx et la sardoine, d'après une œuvre de Vien, et l'enlèvement de Déjanire, copié sur le bas-relief de la villa Adriani (1). Quelquefois ma-

(1) Sixième planche.

dame de Pompadour dessine et grave à la fois : *Pompadour delineavit et sculpsit*. Tel est le génie de la musique, sur agate, et une figure grotesque et franchement militaire que Louis XV a remarquée dans ses revues de Satory. C'est Jacquot, tambour au régiment du Roi, un des plus braves à Fontenoy (1). Ce sont là des exceptions. Habituellement madame de Pompadour grave d'après Boucher et Vien ; elle reproduit sur sardoine une admirable Léda, l'amour et l'âme, l'Amour cultivant un myrte, et Bacchus, enfant, couronné de pampre et jouant avec des ceps de vigne. Sur émeraude un prêtre égyptien de Boucher, et sur cornaline blanche, l'amour sacrifié à l'amitié, toujours allusion touchante et douce à sa situation avec le Roi.

On peut dès lors s'expliquer l'enthousiasme des artistes pour cette jeune femme, d'un goût si délicat, si distingué, qui vivait familièrement avec eux et s'associait à leurs travaux dans la haute liberté du talent. Son jeune frère le marquis de Marigny, élevé aux fonctions de surintendant des bâtiments du Roi, était alors un éminent artiste : les deux années qu'il avait passées en Italie lui avaient rendu facile la pratique de son talent ; il avait dessiné

---

(1) Septième planche.

la plupart des antiques du Muséum de Rome et de Naples ; et le roi Louis XV qui aimait les arts et les sciences retenait le jeune marquis de Marigny le soir à souper: c'était l'heure de la présentation des artistes qui peignaient et ornaient les petits et les grands appartements. Un salon, une chambre à coucher étaient à cette époque une œuvre d'art. Les plafonds, les dessus de portes étaient quelquefois les chefs-d'œuvre de grands maîtres. Les fauteuils, les paravents, les chaises à porteurs encadraient les plus riches peintures. L'artiste acquérait une puissance égale à celle des plus hauts courtisans. Jamais la marquise ne s'était montrée dédaigneuse ou avare quand il s'agissait de l'art ; et on peut le voir dans une circonstance : l'acquisition d'une grande partie du cabinet de Crozat.

Joseph-Antoine Crozat, l'hôte familier d'Étioles, avait vu la marquise tout enfant ; c'était le fils de ce financier si riche à la fin du règne de Louis XIV, le fondateur des colonies de la Louisiane, trésorier des États du Languedoc et de l'ordre du Saint-Esprit (1). Joseph-Antoine Crozat s'était consacré tout entier aux beaux-arts. Maître d'une fortune immense, il avait recueilli des chefs-d'œuvre de tous les grands maîtres, spécialement de

(1) Crozat acheta le marquisat du Châtel ; il mourut en 1738.

l'école Flamande. Tel était le caractère large et libéral des financiers de cette époque (1). L'argent n'était pour eux qu'un moyen d'encouragement, d'élégance et de joie dans la vie si courte et si vite brisée. Non-seulement Crozat rêvait le plus beau cabinet du monde, mais encore il le fit graver à ses frais, comme un prince. Le grand ouvrage qui porte encore aujourd'hui le titre de *Cabinet de Crozat* est le guide suivi pour reconnaître les grands maîtres contestés (2). Le second volume fut publié par Mariette sous les auspices de madame de Pompadour, après la mort de Crozat (3). Mariette fut l'ami constant, affectionné de la marquise; elle lui confia la garde de la collection des pierres gravées du cabinet du Roi (4). Crozat, Mariette ont conservé la trace de tous les chefs-d'œuvre recueillis à Naples, à Rome. La marquise retenait à Choisy même Basan, l'habile érudit, faiseur de catalogues d'objets d'art, le guide de tous ceux qui aiment la peinture, la sculpture, les antiquités; sainte passion qui ennoblit la richesse; l'amour de l'art justifie la grandeur et l'excès de la fortune.

(1) Voir mon livre, sur les *Fermiers-Généraux*.
(2) Paris, 1759, in-f°.
(3) Crozat avait réuni plus de 19,000 dessins. Paris, 1745, 2 vol. in-f°. Le catalogue des tableaux fut donné en 1754.
(4) Mariette avait réuni 1,400 dessins et 1,500 collections de gravures, et le catalogue a été publié en 1775, par Basan.

IX

1750-1751.

En entourant le roi Louis XV de nobles distractions : les beaux-arts et les lettres, la marquise de Pompadour avait un but utile pour son pouvoir ; elle accoutumait le Roi à travailler avec ses ministres secrétaires d'État dans son salon, à écouter quelquefois ses conseils, comme Louis XIV avait souvent écouté les avis de madame de Maintenon. Au reste, la marquise avait l'esprit éminemment juste et surtout très-éclairé, avec trop de tendance pour la philosophie et le scepticisme. On ne s'explique même pas très-bien comment le roi Louis XV, d'une éducation si croyante et fidèle à ses devoirs au moins extérieurs de religion, put vivre en bonne harmonie avec un esprit d'une indifférence si marquée pour les idées et les croyances catholiques (1).

(1) Quelquefois madame de Pompadour se laissait aller aux idées ascétiques : elle s'était affiliée au tiers ordre de Saint-François. Durant le jubilé de 1750, elle se fit donner une chambre au couvent de l'Assomption où était sa fille.

Il est incontestable néanmoins que la marquise de Pompadour eut une influence sur les affaires de son temps, et les pamphlétaires l'accusèrent surtout de multiplier les lettres de cachet, souvent dans un égoïste intérêt. Une réflexion m'est souvent venue en étudiant l'histoire: comment arrive-t-il que les écrivains qui ont loué, exalté les femmes de la Révolution, ces charmantes créatures qui mangeaient les entrailles de Suleau et portaient les têtes des gardes du corps, ont eu des paroles si inflexibles pour les femmes du XVIIIe siècle? et comment après avoir loué le comité de salut public pour avoir arrêté cent vingt mille suspects, ils viennent s'indigner de quelques lettres de cachet imposées par la politique contre des résistances séditieuses! Et à côté de ces violences souvent nécessaires, comment dénoncer le XVIIIe siècle? Les lettres de cachet de la mort qui vous envoyaient au tribunal révolutionnaire ou à des commissions militaires sont encores louées, expliquées par ceux qui vous parlent de l'arbitraire de l'ancien régime!

Madame de Pompadour d'ailleurs n'eut jamais le département des lettres de cachet confiées au secrétaire d'État de la maison du Roi. Ces lettres de cachet étaient délibérées en conseil et peu furent motivées par caprice ou par des intérêts frivolés : les pères demandaient des lettres de cachet pour leurs fils débauchés ou compromis; on châtiait aussi le rapt, les duels, les complots, les vices honteux des grands, la désobéissance, les écrivains qui attaquaient la société, le pouvoir établi. Il n'y a plus d'autorité en ce monde si la puissance publique n'a pas le droit de châtier ceux qui conspirent contre elle.

Le 15 mai 1750 madame de Pompadour reçut un paquet de poudre blanche que la lettre disait être un poison violent qui donnait une mort rapide. On y dénonçait en même temps dans des termes très-exprès un complot contre le Roi avec une liste de complices désignés parmi les plus hauts personnages de la cour (1). On était à une époque grave: on ne parlait que de conjurations et même d'assassinats. La marquise demanda qu'on fît une enquête sur les faits dénoncés. Le lieutenant-général de police fut chargé de rechercher l'auteur de la lettre et de fixer les détails de la dénonciation qui avait accompagné l'envoi de la poudre blanche. S'agissait-il d'un complot? Était-ce de ces fausses dénonciations, habiles calomnies qui font perdre la trace des véritables complots?

Nicolas-Réné Berryer, issu de haute magistra-

---

(1) Cette lettre était venue par la poste.

ture, fils de procureur-général, conseiller au parlement lui-même, puis intendant de Poitou, esprit ferme et sûr, avait épousé mademoiselle de Fribois, d'une famille de finance fort liée aux d'Étioles, aux Turncheim, et par cette cause très-avant dans la confiance de madame de Pompadour. Le lieutenant de police Berryer fit donc procéder à une information sérieuse. La parfaite innocence de tous les noms dénoncés dans la lettre fut prouvée jusqu'à l'évidence ; il ne restait plus de coupable que l'auteur de la calomnie : on dut le rechercher. N'était-ce pas la marche d'une procédure régulière ? Et de cette enquête il résulta que la lettre était l'œuvre d'un petit gentilhomme gascon déjà connu par ses hâbleries, du nom de Henri Mazers de Latude (1), né à Montagnac dans le Languedoc. Destiné par sa famille au génie militaire, Mazers de Latude avait fait de fortes études en Hollande (2) auprès des réfugiés protestants, les ennemis de la patrie. Rentré en France et pour vivre il s'était adonné aux jeux et aux tripots : c'est dans cette situation désespérée et pour se créer une ressource qu'il essaya la dénonciation et la calomnie. Un moment arrêté en vertu des lois qui punissaient les

---

(1) Henri Mazers de Latude, né le 23 mai 1725.
(2) A Bergopzoom.

calomniateurs, il fut interrogé par le lieutenant-général de police, et répondit avec une certaine habileté en invoquant le besoin qu'il avait de mériter les grâces de la cour par des services même imaginaires : comme officier on le punit disciplinairement par la réclusion au fort de Vincennes. Latude s'évada le second mois : nul ne peut lui faire reproche d'avoir secoué ce vêtement de pierre et de fer : quel est l'homme qui n'aspire pas à la liberté? Le lieutenant-général de police ne le fit pas même poursuivre. Latude eût été oublié s'il ne s'était pas mis encore à écrire, à dénoncer les hommes les plus fidèles, les plus innocents. La police dut le faire de nouveau arrêter dans l'hôtel garni où il demeurait paisiblement depuis six mois. Renfermé cette fois à la Bastille avec une note particulière pour le gouverneur sur la dextérité et l'habileté du prisonnier, on prit à l'égard de Latude certaines précautions qui se relâchèrent un peu après, et il eut un logement d'officier dans la citadelle (1). Là, il se lia avec un autre Gascon comme lui, du nom d'Alègre, et tous deux se sauvèrent avec une incontestable hardiesse : ils se réfugièrent encore en Hollande, s'affiliant aux

---

(1) Sur la recommandation de madame de Pompadour elle-même. (*Papiers de Berryer.*)

conjurations des réfugiés protestants et jansénites. Latude fut enlevé et réintégré à la Bastille ; le gouverneur dut prendre à son égard certaines précautions de surveillance, comme cela se pratique envers les prisonniers qui une fois déjà se sont évadés : on lui laissa pourtant assez de liberté pour qu'il pût écrire des plans, des projets de génie militaire qu'il adressait au ministre. Esprit de distinction, Latude avait des idées jeunes et fécondes, et le ministre lui fit proposer sa liberté, s'il voulait donner sa parole de retourner à son lieu de naissance, Montagnac (1). Latude n'accepta pas cette condition de se tenir tranquille. Du reste, il s'en suivit des lettres altières, presque insolentes : on dut continuer les rigueurs. Madame de Pompadour fut tout à fait étrangère à ces relations qui s'établirent exclusivement entre le ministre et Latude ; le lieutenant de police fut l'intermédiaire entre Latude et le gouverneur de la Bastille. Chargé de surveiller les complots au moment de la guerre, le lieutenant de police dut prendre d'extrêmes précautions à l'égard d'un homme qui s'était lié à toutes les intrigues des réfugiés. Mazers de Latude resta donc à la Bastille comme prisonnier d'État.

(1) Latude l'avoue dans ses Mémoires.

Il faut suivre cette vie jusqu'au bout, et devancer les temps pour en juger le caractère : si la captivité de Latude avait été une vengeance personnelle de madame de Pompadour, d'où vient que sa captivité se prolongea après la mort de la marquise ? Échappé de prison à la faveur d'un brouillard (1), en 1765, comment se fit-il que M. de Sartine, ce ministre si hostile à madame de Pompadour, le fit arrêter de nouveau ? d'où vient que le libéral duc de Choiseul le fit enfermer à Bicêtre, et que M. de Malesherbes, visitant cet hôpital en 1775 (règne de Louis XVI), ne fit aucun droit à ses réclamations ?

L'ordre de sa liberté ne fut signé qu'en 1777 (2), et encore en exigeant de lui la même parole d'honneur que M. Berryer avait imposée, l'obligation d'une résidence à Montagnac ; Mazers de Latude rompit de nouveau son ban, vint à Paris, intrigua toujours, et M. de Malesherbe lui-même donna l'ordre de le réintégrer à Bicêtre; il n'en sortit, quelque temps (3) après, que pour prendre (4) part à toutes les intrigues, à l'affaire du collier de

(1) Au mois de novembre.
(2) 7 juin 1777.
(3) En février 1784.
(4) Ici commence le rôle d'une madame Legros, marchande à la halle, qui obtint le prix de vertu, décerné par l'Académie française (1784).

la Reine avec M. de Rohan, aux agitations occasionnées par le *compte-rendu* de M. Necker. Partisan très-avancé des révolutionnaires, commensal de Mirabeau, son compagnon de la Bastille, Mazers de Latude présenta une pétition à l'Assemblée nationale, pleine de colère et de diffamations contre madame de Pompadour. L'époque était bien choisie pour les discours contre le despotisme et les royales courtisanes. Après un long examen, sur le rapport de Barnave, l'Assemblée passa à l'ordre du jour : car Mirabeau lui-même avait dit de Mazers de Latude : « C'est un intrigant qui cherche la liberté du bruit. »

Il faut aller jusqu'au bout de ce mélodrame, célèbre au théâtre du boulevard : le 10 août 1793, en pleine terreur, une instance fut introduite par le citoyen Mazers de Latude contre les héritiers de la citoyenne Pompadour, courtisane de Capet XVe du nom : pour frapper plus vivement l'opinion publique, Latude avait fait précéder sa demande d'une exhibition de son échelle à la porte du Louvre, et de la corde qui lui avait servi à se sauver ; lui-même se tenait à côté, décoré d'une barbe touffue et secouant des chaînes. Latude porta l'affaire devant le juge de paix du 6e arrondissement de Paris, concluant à 60 mille livres de dommages-intérêts contre les héritiers de la courtisane Pompadour; il lui fut accordé une indemnité de 6,000 livres, qui fut payée en assignats (1).

Depuis le Consulat, Latude fut complétement oublié. Un gouvernement fort et répressif laissa naturellement dans l'oubli ces parleurs intrigants qui troublent l'ordre. Latude s'éteignit donc en 1805, sans faire le plus petit bruit, après avoir un moment occupé l'attention publique par la publication de ses Mémoires fabriqués, qui intéressèrent la foule comme ceux de l'abbé Bucquoy ou du baron de Trenck; car on aime à suivre tous les efforts surhumains de l'infortune hardie aux prises avec la chemise de force, et parvenant enfin à s'en délivrer. On voudrait voir tous les hommes heureux. Hélas ! n'est-il pas de ces organisations impétueuses et turbulentes qui provoquent le châtiment ou commandent à la société des précautions particulières !

Assez sur Latude et ses prétentions au bruit. Est-ce madame de Pompadour qui l'avait persécuté? Cet esprit ardent, inquiet, n'avait-il pas dénoncé des complots imaginaires, et flétri plus de vingt personnes? Or, les codes des

(1) 11 juin 1793. Tout ce qu'on a écrit sur Latude a été pris dans les Mémoires qu'a publiés l'avocat Thierry, sous ce titre : « *Le Despotisme dévoilé* ou *Mémoires de Latude*, 1792-1793. »

nations civilisées ne prononcent-il pas des peines contre les calomniateurs? Est-il une police au monde qui ne doive prendre des précautions particulières contre un prisonnier assez adroit ou assez hardi pour se sauver quatre fois? Et même cette fuite extraordinaire ne signale-t-elle pas des précautions bien douces et une surveillance bien négligée (1)?

Quel motif aurait eu madame de Pompadour, pour persécuter Mazers de Latude, pauvre inconnu, sans aboutissant? Était-il un obstacle à son pouvoir? Sa liberté grandissait-elle ses inquiétudes sur l'amitié du Roi? Madame de Pompadour était trop artiste, trop occupée des choses douces et belles de la vie : la peinture, la sculpture, la musique, pour être vindicative et méchante; Latude était un trop pauvre diable pour qu'elle pût le redouter; elle en abandonna la surveillance à la police du lieutenant-général. Cette affaire n'occupa pas plus d'un mois l'esprit mobile et léger de la marquise. Elle s'inquiéta des jours du Roi menacés par la dénonciation, et n'alla pas au delà.

S'il y eut des lettres de cachet considérables sous le règne de madame de Pompadour, c'est

---

(1) On dit que l'échelle de corde n'était pas son ouvrage, mais celui de l'abbé Bucquoy.

qu'une lutte politique s'engagea entre l'autorité royale et le parlement sur les questions financières ou religieuses ; il fallut sévir, et ce fut l'ordre du conseil et non pas de la marquise. Ce conseil se composait d'hommes graves, pénétrés des nécessités du gouvernement. Il faut laisser au roman ou au théâtre les façons légères, quand ils parlent de la Bastille et des lettres de cachet. Ce fut toujours une affaire sérieusement examinée, qu'une lettre de cachet. L'autorité peut avoir et suivre quelque caprice, mais, généralement, l'autorité n'agit que pour appuyer la justice ou seconder les projets d'une politique élevée et sérieuse.

X

1750-1751.

Le caractère charmant de l'esprit gentilhomme au XVIIIe siècle, entraînait toujours la distraction à côté du devoir, et dans les quartiers d'hiver de la guerre comme dans les loisirs de la paix, on s'amusait, on riait, on faisait des vers, on jouait la comédie. Le château de Choisy devint le séjour ravissant de tous les plaisirs. La marquise de Pompadour savait bien qu'il fallait distraire le Roi, et que le plus noble délassement pour un prince, c'était l'esprit, les arts, les joyeux éclats d'une parole brillante, au milieu d'un salon étincelant de bougies, au cliquetis des verres doucement heurtés à la gloire et à l'amour. En vain elle avait voulu atténuer chez le Roi la passion de la chasse. Louis XV l'aimait par habitude et par nécessité d'exercice; puis la chasse permettait l'incognito, les visites impromptues, « le Roi est en chasse, » et sous ce prétexte, il entrait dans le château du simple gentilhomme qu'il voulait honorer de sa visite sans conséquence. C'est ainsi qu'il allait à Crécy chez madame de Pompadour. La marquise avait voulu mettre à la mode la chasse au faucon; mais les officiers de la fauconnerie royale eux-mêmes en avaient perdu les traditions : un petit nombre auraient pu distinguer la haute volerie (le faucon, le gerfaut, l'émérillon, le hobereau, le sacre, qui allaient contre le vent et dans leur plus haute région) de la basse volerie, l'autour, l'épervier et le grand-duc qui, ballottés par le vent, ne s'élevaient qu'à une petite hauteur (1).

Toute jeune fille dans la société de M. Lenormand de Turneheim, madame de Pompadour avait joué la comédie et le petit opéra avec un si grand talent, que sa renommée avait partout retenti. Elle faisait les délices du très-beau théâtre que M. de Villemur avait élevé dans le splendide château de Chantemerle. Madame d'Étioles disait ses rôles avec esprit, avec tenue et décence; elle excellait dans le travesti de paysanne ingénue que madame Favart avait mis à la mode. Dès qu'elle fut la petite reine de Choisy, la marquise résolut d'y élever un théâtre et d'y jouer la comédie devant le Roi, qui aimait à la retrouver dans des

(1) L'art de la fauconnerie fut perdu presqu'au commencement du règne de Louis XIV.

rôles toujours nouveaux. Elle indiqua dans les appartements une portion du cabinet des médailles le plus riche du monde; elle dessina elle-même la forme de la scène. L'architecte Gabriel construisit le théâtre, Boucher peignit les décors avec cette facilité qui distinguait son délicieux talent.

Parmi les curiosités que l'esprit de recherche a mises dans mes mains, il en est une fort rare, c'est un programme sur beau papier de soie (1), tout orné d'arabesques charmants, ainsi que savait les faire le xviiie siècle; il fut distribué à une représentation de l'*Enfant prodigue* de Voltaire, à Choisy : le nom des artistes offre plus d'intérêt que la pièce elle-même, car les voici : le maréchal Maurice de Saxe jouait Euphémon, père bon et bourru à la fois; M. de Nivernais, Euphémon fils; le duc de Duras, Fierrenfat (le président); le duc d'Ayen, Royon, bourgeois de Cognac; et le duc de Coigny, Jasmin, valet d'Euphémon. Madame de Marchais avait pris le rôle de Lise, la fille d'Euphémon; la marquise de Pompadour jouait la pétulante soubrette Marthe; madame de Brancas, si amusante dans le prétentieux, jouait celui de la baronne de Croupillac. La pièce eut

(1) Les costumes étaient ajustés par mesdemoiselles Gaussin et d'Angeville, de la Comédie-Française, qui avaient le titre de femmes chambre des petits appartements.

un plein succès, et, plusieurs fois, le Roi applaudit lui-même aux grâces des artistes.

Le choix qu'avait fait la marquise d'une pièce de Voltaire, pour la représentation de Choisy, tenait moins encore au charme des situations et du style qu'à ce désir obligeant qu'elle avait toujours d'être utile aux poëtes, aux gens de lettres, aux philosophes et à Voltaire surtout, que le Roi n'aimait pas à cause de ses impiétés. Elle le voulait pousser, selon le désir du poëte, dans le département des affaires étrangères, sous le marquis d'Argenson. Voltaire, qui savait le bon désir de la marquise, lui écrivait dans sa reconnaissance, des lettres pleines d'enthousiasme : le poëte mettait tout son théâtre, sa poésie, son talent aux pieds de sa protectrice : lui-même, comme gentilhomme de la chambre, dirigeait les répétitions. La cour plaisait à Voltaire, qui ne savait donner des éloges qu'aux grands seigneurs et aux belles marquises. C'est à la suite de la représentation de l'*Enfant prodigue* à Choisy, que Voltaire fit de jolis vers sur la marquise : « qui embellissait la cour, le Parnasse et Cythère ; charme de tous les yeux, trésor d'un seul mortel. » Le Roi trouva ces vers un peu trop familiers ; mais la marquise y était si gracieusement louée ! Comment les blâmer et en proscrire l'auteur !

Les principaux artistes du théâtre de Choisy étaient, indépendamment de mesdames de Marchais, de Brancas, mesdames d'Estrades, Courtenvaux, Maillebois ; à côté du maréchal de Saxe, jouaient MM. de Richelieu, de Nivernais, de Coigny, d'Entragues, Duras, et une foule de gentilshommes. Le directeur de ce théâtre improvisé était le duc de La Vallière ; l'abbé de Lagarde en était le souffleur ; Crébillon et Gresset présidaient aux répétitions avec leur précieuse intelligence de la scène.

On vivait alors de théâtre ; les artistes en renommée avaient les hommages de tous, sans en excepter les danseurs ; et les plus jolis vers de Voltaire sont adressés à mesdemoiselles Lecouvreur, Gaussin, Camargo, Sallé qui occupaient la renommée aux mille voix des chroniques scandaleuses de Paris et de Versailles.

Après l'*Enfant prodigue* de Voltaire, on représenta le *Méchant* de Gresset. Le duc de Nivernais joua le rôle de Valère avec un talent si remarquable qu'il fut préféré à son maître de Ricali de la Comédie-Française. Le duc de Nivernais pour consoler l'artiste d'une préférence qui le blessait, lui envoya 200 louis. Madame de Pompadour fut ravissante ; à sa voix d'une douceur extrême, elle joignait une certaine minauderie de gestes admirable. Dans une comédie mêlée de chant qui fut nommée *Zélie*, musique de Ferraud, la marquise remplit le rôle principal avec un goût remarquable et chanta le couplet dans la perfection. On voulut y ajouter un ballet, et les premiers sujets de la danse furent le marquis de Courtenvaux, le comte de Langeron et le duc de Melfort. On se plaignit un peu du corps de ballet et des chœurs pour le chant; le Roi aimait à dire qu'ils chantaient plus mal que lui, et c'était communément la plus grosse injure qu'on pouvait jeter à un chœur d'Opéra, car le Roi avait la voix la plus fausse de tout son royaume.

La pièce dans laquelle madame de Pompadour eut le plus grand succès sur le théâtre de Choisy, ce fut le *Devin de Village*, de Jean-Jacques Rousseau, représenté pour la première fois au théâtre de Fontainebleau dans un voyage de la cour; Louis XV y avait pris un grand goût. Quoique Rousseau se fût conduit comme un homme mal appris lors de la première représentation (1) en présence du Roi, Sa Majesté ne s'en était pas moins éprise de sa pièce charmante et toute la journée le Roi fredonnait le joli couplet : « J'ai perdu mon serviteur. » Madame de Pompadour ne

(1) Voyez les *Confessions de J.-J. Rousseau*, 5.

manqua pas d'étudier avec esprit le rôle de Colette. Elle disait à ravir :

> Si des galants de la ville
> J'eusse écouté les discours,
> Oh! qu'il m'eût été facile
> De former d'autres amours.

Le marquis de Courtenvaux qui faisait Colin était d'un talent remarquable dans sa tendre douleur :

> Non, Colette n'est point trompeuse,
> Elle m'a promis sa foi;
> Peut-elle être l'amoureuse
> D'un autre berger que moi?

Tous deux chantaient d'une façon ravissante le duo si plein de sentiment :

> Ah! l'amour ne sait guère
> Ce qu'il permet, ce qu'il défend,
> C'est un enfant, c'est un enfant !

C'était bien là les sentiments, la musique qui plaisaient à cette société du XVIIIe siècle, semblable en tout à un pastel de Latour. Voltaire fut d'une extrême jalousie de la faveur qu'obtenaient l'œuvre de Rousseau et les tragédies de Crébillon. Voltaire ne pardonnait pas le succès des pièces qui n'étaient pas les siennes. Très-irrité contre la cour, il jeta quelques épigrammes contre la marquise, mais avec précaution. En représailles, il passa dans l'esprit de madame de Pompadour de faire représenter sur le théâtre de Fontainebleau, en présence du Roi, et pour le distraire, une parodie de la *Sémiramis* de Voltaire. Les chefs-d'œuvre ont leur parodie par la même raison que le sublime est près du ridicule. Un esprit moins susceptible que le poëte, aurait accepté la plaisanterie, avec une gaieté, une expansion de bon goût. Loin de subir cette conséquence de tout travail considérable, Voltaire s'en irrita à ce point d'en devenir colère et plat. Ne pouvant pas recourir directement à madame de Pompadour, il s'adressa à la reine Marie Leczinska. Sa lettre reste encore comme un monument de ridicule abaissement de l'amour-propre : « Songez, Madame, dit-il, que je suis le domestique de Sa Majesté et par conséquent le vôtre : un mot de bonté à M. le duc de Fleury suffira pour empêcher un scandale dont les suites me perdraient. J'espère de votre humanité qu'elle sera touchée et qu'après avoir peint la vertu je serai aussi protégé par elle (1). »

La Reine intervint en effet, et la parodie de *Sémiramis* ne fut pas représentée. La reine Marie Leczinska enfant, avait connu Voltaire à la cour

---

(1) Correspondance générale, 1752.

de Stanislas, plus dissipée, plus incrédule qu'on ne l'a écrit. A Nancy madame du Châtelet avait sa cour pleinière, madame de Boufflers, Saint-Lambert et le roi Stanislas secondaient fort bien ce mélange de philosophie et de plaisirs sensualistes que chantait Voltaire. Le roi Stanislas le protégeait spécialement, et c'est tout gros de dépit et de jalousie que Voltaire prêta l'oreille aux propositions pleines d'attachement et de flatterie que le roi de Prusse lui adressait pour l'attirer à Berlin. A cette époque Voltaire commence à médire de madame de Pompadour, à la calomnier comme une femme de petite naissance, une grisette, lui pourtant qui devait tout à la famille d'Étioles !

Au château de Choisy, charmante maison de retraite et de campagne, les fêtes se continuaient avec bon goût et distinction. Après la comédie venait le souper, l'heure de joie et de repos : le Roi désignait douze à seize personnes au plus pour sa table ; on entrait dans un délicieux salon meublé avec une rare élégance, entouré de charmantes peintures de Latour, Watteau, Boucher, représentant un rendez-vous de chasse, des convives buvant fort et mangeant de grand appétit, au son du cor qui annonce la curée des chiens et des limiers. Rien ne paraissait comme apprêts du repas dans ce salon, si ce n'est qu'on voyait sur le parquet une belle rosace en bois des îles, entourée d'arabesques d'ivoire.

Quand le Roi était entré dans ce salon, deux pages de la petite écurie s'avançaient et faisant un salut profond et respectueux demandaient les ordres de Sa Majesté pour le souper. A peine le Roi avait-il répondu qu'on pouvait servir, qu'aussitôt la rosace du milieu s'élevait au moyen d'une tour en ivoire, et l'on voyait apparaître comme dans le palais d'Armide, une table couverte de flacons, de centaines de bougies, de plats tout d'argent, de vases en porcelaine et de cristaux. Les pages de la petite écurie servaient le souper avec une rapidité extrême; fort aimés du Roi et presque tous de grande famille, ces pages à quinze ans sortaient avec des lieutenances et servaient avec distinction dans les troupes du Roi. Ces soupers n'étaient point des orgies immondes, comme on l'a écrit. On se jetait des défis de vins d'Aï et de Tokai sans ivresse ; tous ces gentilshommes venaient à la vie avec un esprit brillant d'un naturel inimitable. Les mots charmants sortaient de leur bouche comme la fleur de son calice ; ils parlaient peu d'affaires, ils étaient aimables et gais sans ordure, quelquefois un peu lestes, sans expressions dégoûtantes : il a été fait une série de faux récits sur les soupers de Louis XV. Les fils de laquais qui ont écrit sur ces temps n'ont pas compris qu'il pût y avoir un choc de verres et de spirituels propos sans orgie, et que de jeunes et brillants gentilshommes pussent rendre raison au Roi de France dans un souper, sans se gorger de gros vins, comme des forts de la halle aux Porcherons.

XI

1751-1752.

Ces distractions du soir, si brillantes, si animées dans le château de Choisy, n'arrêtaient pas un moment la marche des affaires. La marquise de Pompadour possédait un sens droit, une aptitude merveilleuse non-seulement pour les questions de finance, ce qui pouvait s'expliquer par son éducation première dans les salons d'Étioles, mais encore pour toutes les affaires d'administration publique, de prérogative royale, et même de politique extérieure. Sur ces dernières questions, la marquise avait un sentiment de fierté et de dignité nationale qui correspondait à l'esprit gentilhomme : ainsi elle n'avait pas approuvé en son entier les négociations d'Aix-la-Chapelle, et bien que le traité, en définitive, eût été fort glorieux pour la France, la marquise eût désiré que le côté chevaleresque de la royauté eût été mieux défendu, plus noblement protégé. Pour madame de Pompadour, les avantages matériels du traité n'étaient rien à côté de ce délaissement du prince Édouard et de cette clause humiliante stipulée au nom des wighs : « que le prétendant serait obligé de quitter la France, et s'il ne le voulait pas, on le contraindrait par la force (1). » Cette clause, hélas ! avait été tristement exécutée sur les notes pressantes de l'ambassade d'Angleterre. La marquise en avait gémi : on ne pouvait s'étonner qu'une femme comprît mieux qu'un cabinet les questions de sentiment.

De là ses premières antipathies pour le marquis d'Argenson fort aimé du Roi, et très-dévoué à la sévère exécution du traité d'Aix-la-Chapelle ; la marquise ne trouvait pas chez M. d'Argenson le sentiment exalté des questions chevaleresques, et à ses yeux le traité d'Aix-la-Chapelle était plus prussien que français. Les idées matérialistes des wighs anglais y avaient trop prévalu, et M. d'Argenson avait exécuté sans ménagement et sans délicatesse cette clause rigoureuse qui imposait l'expulsion du prince Édouard ; madame de Pompadour avait rougi pour le roi de France, de la triste scène de l'Opéra : Un prince que Louis XV avait appelé *mon frère*, arrêté, menotté comme un criminel, et cela pour remplir les conditions

(1) Article 17. Convention secrète.

secrètes d'Aix-la-Chapelle. Dans la pensée de madame de Pompadour, mieux valait s'exposer à la guerre, que d'employer de telles violences. L'esprit positif prévalait chez M. d'Argenson; il n'avait pas osé dire à l'ambassadeur d'Angleterre : « Jamais mon maître n'emploiera la violence pour contraindre le prince Édouard à quitter un royaume hospitalier ; plutôt la guerre, et la France aura pour elle tout ce qui porte un noble cœur (1). » Ce fut un des beaux côtés de la marquise de Pompadour que cet intérêt qu'elle accorda au prince Édouard. Elle l'avait vu plusieurs fois avant sa malheureuse expédition ; c'est elle qui avait engagé Voltaire à rédiger le manifeste pour annoncer la part que la France allait prendre à la cause des Stuarts. Elle avait suivi chacun de ses succès, elle aimait à les dire au Roi avec enthousiasme ; elle avait versé des larmes au récit de ses malheurs, elle ne comprenait rien à cette froide politique qui l'abandonnait parce qu'il n'avait pas été heureux ! La question de la légitimité des Rois dépen-

---

(1) Je trouve pourtant une note secrète de police, qui pourra un peu excuser le cabinet de Louis XV, de cette violence contre le prince Édouard. Il paraît que les wighs avaient résolu de se débarrasser du prince Édouard à tout prix, et que s'il n'avait pas quitté la France, il aurait été enlevé par une troupe de gens sans aveu, soldés ; et c'est pour éviter ce grand malheur, que le cabinet français se vit forcé de contraindre violemment Édouard à quitter la France.

dait-elle du plus ou moins de bonheur de leurs
causes? La marquise de Pompadour, légère et artiste par les formes extérieures, avait des pensées
pleines d'élévation et de sentiment. Les aventures
du noble prince l'avaient touchée, comme la lecture d'un roman de chevalerie, comme une de ces
merveilleuses légendes du moyen-âge qui parlent
au cœur des femmes. Ce malheureux prince, on
l'abandonnait! on ne respectait pas son asile en
France! La marquise n'accusait pas le cœur noble
et si élevé de Louis XV, mais les froides réflexions
du secrétaire d'État des affaires étrangères; ce
ministre avait les idées nouvelles sur la perfection
du gouvernement anglais ou l'excellence de la révolution de 1688, et surtout sur l'exécution froide
et exacte du traité conclu à Aix-la-Chapelle. De
ce moment la retraite de M. d'Argenson fut résolue. Il faut ajouter d'autres considérations : dans
l'esprit de madame de Pompadour, le traité d'Aix-la-Chapelle était favorable à la Prusse, et le roi
Louis XV n'aimait pas Frédéric, ce caractère personnel, maussade, athée, lui était antipathique.
Dans les idées de Louis XV, si la Prusse pouvait
être l'auxiliaire de la France, jamais la maison de
Brandebourg ne pourrait entraîner derrière elle
la France comme auxiliaire. Qu'étaient ces petits
Électeurs avant le cardinal de Richelieu? accep-

ter la politique de la Prusse n'était jamais dans la volonté de Louis XV, un tel abaissement ne serait pas subi par le cabinet de Versailles, et tel était le rôle auquel aspirait Frédéric II, au moyen de son union avec les philosophes, les poëtes et les faiseurs de pamphlets, la peste des États, protégés par M. d'Argenson (1). Deux circonstances rendaient fort difficile la continuation de l'alliance intime avec la Prusse : 1° Le mariage du Dauphin, fils de Louis XV, avec une princesse Saxonne; n'était-ce pas un grand obstacle à l'ambition de Frédéric II, qui convoitait la Saxe, comme il avait réalisé la conquête de la Silésie! la France prenait un large pied en Allemagne, et se plaçait en face de Frédéric II, cherchant déjà des griefs de guerre et d'agrandissement. 2° Le rapprochement avec l'Angleterre, que la Prusse avait naguère combattu; on était informé à Versailles que les wighs offraient des subsides à Frédéric II (2), sur un pied plus élevé que le cardinal de Richelieu en avait autrefois payé aux Électeurs de Brandebourg. Telles furent les causes réelles qui modifiaient la politique de la France après la signature du traité d'Aix-la-Chapelle.

(1) Voir mon *Louis XV*.
(2) Dès l'année 1751.

La marquise de Pompadour s'aperçut bien qu'en changeant de politique, il fallait préparer l'avénement d'un nouveau conseil; elle jeta les yeux sur l'abbé de Bernis et sur le comte de Stainville. L'abbé de Bernis n'était pas seulement ce charmant abbé spirituel, joufflu, auquel Voltaire adressait ces vers :

> Votre muse vive et coquette,
> Cher abbé, me paraît plus faite
> Pour un souper avec l'amour
> Que pour un souper de poëte.
> Venez demain chez Luxembourg,
> Venez la tête couronnée
> De laurier, de myrte et de fleurs ;
> Et que ma muse un peu fanée
> Se ranime par la couleur
> Dont votre jeunesse est parée.

C'était aussi un esprit studieux, capable, nourri de fortes études, avec un sens très-droit ; l'abbé de Bernis tout en conservant un charme inexprimable de conversation et d'à-propos, savait le droit public de l'Europe, avec cette perspicacité qui saisit le sens de chaque chose; et plusieurs fois consulté par le Roi, sur la direction du cabinet, il avait répondu avec une force de logique, une finesse d'aperçus et une connaissance des faits et des hommes, qui avaient frappé Sa Majesté. Madame de Pompadour le désigna au Roi pour l'ambassade de Venise (1), la ville des informations où venaient aboutir la plupart des secrets de l'Europe. Le choix fut fait sans M. d'Argenson. L'abbé partit au mois d'octobre avec les instructions particulières du Roi qui toujours avait beaucoup tenu à sa correspondance personnelle avec les ambassadeurs. L'abbé de Bernis comprit le caractère de sa mission : « plus d'informations que de négociations, » et sa correspondance spirituelle et piquante est un recueil d'anecdotes d'une grande curiosité. A travers les petites coquetteries de langage on aperçoit des informations très-graves, et par exemple la première nouvelle du rapprochement de Frédéric II avec l'Angleterre et la signature des préliminaires d'un traité de subsides signé par la Prusse avec les wighs. C'est par l'envoyé de Saxe à Venise que l'abbé de Bernis fut informé de cette grave nouvelle, jetée au milieu d'une foule d'anecdotes amusantes sur les plaisirs du carnaval destinées à distraire le Roi et madame de Pompadour. L'abbé de Bernis savait que la gravité n'est pas la science réelle des affaires, et qu'on peut marcher à un but fort essentiel tout en gardant les formes légères d'un esprit gai et amusant (2).

(1) C'était la troisième en rang, après les ambassades de famille.
(2) Correspondance de Bernis, 1752.

A Venise l'abbé de Bernis conquit une haute importance auprès du corps diplomatique; chargé de décider comme arbitre par les deux parties en cause, sur les différends qui s'étaient élevés entre la République de Venise et le Souverain Pontife, l'abbé de Bernis apporta une si grande discrétion et une habileté si consommée au milieu de prétentions si diverses et également absolues, que le jugement de l'arbitre fut accepté. Le Saint-Père et la sérénissime République en écrivirent au roi de France pour le remercier. Dès ce moment l'abbé de Bernis dans la pensée de madame de Pompadour fut destiné à un poste plus important, le département des affaires étrangères que M. d'Argenson ne pouvait plus remplir, car ses tendances pour l'alliance prussienne étaient vieillies, et ne pouvaient plus correspondre aux intérêts nouveaux. C'est à Venise, en effet, que les premières ouvertures d'un rapprochement avec l'Autriche avaient été faites par le prince de Kaunitz à l'abbé de Bernis (1).

Dans ces mêmes idées d'une alliance avec l'Autriche se dessinait le jeune ambassadeur de France à Rome, le comte de Stainville (2), depuis duc de Choiseul. Par son origine il appartenait à la

(1) En 1753.
(2) Il était né en 1716. Le jeune comte était laid, d'une figure un peu repoussante, et pourtant pleine de dignité. Son portrait est aux galeries de Versailles.

Lorraine, province très dévouée au souvenir de ses anciens souverains. Ensuite le duc de Choiseul, comme l'abbé de Bernis, avait un haut dédain pour la Prusse et une véritable répugnance pour les Anglais. Le duc de Choiseul avait l'esprit entier et traditionnel des rivalités; comme tout gentilhomme il avait commencé sa carrière par le service militaire; colonel à Fontenoy, maréchal de camp après la campagne de 1745, il s'était fait remarquer indépendamment de ses qualités militaires par un esprit charmant et un travail facile, ce qui plaisait singulièrement à Louis XV. Désigné pour l'ambassade de Rome, le comte de Stainville y resta deux ans avec un bonheur particulier, à cette époque très-difficile des querelles jansénistes; et quoique l'ambassadeur de France fût tout empreint des doctrines philosophiques, il plut au Pape et au sacré collége par la franchise et le dévouement de son caractère. Sa correspondance avec le roi Louis XV et madame de Pompadour, comme celle de l'abbé de Bernis, était spirituelle, anecdotique, et son travail si facile, qu'il semblait se jouer avec toutes les questions. Le duc de Choiseul vit le prince de Kaunitz à Rome, et il était entré pleinement dans les idées d'un rapprochement avec le cabinet de Vienne.

La mission actuelle du comte de Stainville avait pour but principal de faire résoudre par le Saint-Siége les difficultés sérieuses que soulevait la bulle *Unigenitus* parmi le clergé français. Il se produisait spécialement à Paris (1) une étrange lutte : aujourd'hui que les esprits sont calmes, un peu indifférents, qui voudrait disputer à l'évêque, au métropolitain le droit de fixer les conditions des sacrements ? N'est-ce pas une question tout entière de juridiction et de dogme ? Tout ce qui tient à la confession, à l'absolution, à l'eucharistie, est une difficulté purement religieuse qui ne peut toucher le pouvoir laïque ; et néanmoins à cette époque, les parlements prétendaient se mêler à cette question des sacrements et enjoignaient aux curés et aux prêtres : « d'avoir à les donner sans condition, » car la première de ces conditions, il faut le dire, était la signature d'un formulaire rédigé par monseigneur de Beaumont, archevêque de Paris, la vertu personnifiée, profondément soumis à Rome, comme doit l'être tout évêque qui ne veut pas se jeter dans le schisme.

Le parlement, dans cette circonstance, n'eut ni tenue, ni convenance religieuse ; il enjoignit à

---

(1) Voir le fastidieux journal de Barbier. C'est moins qu'un recueil fait par un avocat.

l'archevêque de révoquer le formulaire, sous peine de voir saisir son temporel, et sur son refus légitime, le parlement exécuta l'arrêt de saisie, de prise de corps aux applaudissements de tout le parti janséniste. Cet acte odieux et bizarre du parlement ne reçut pas la sanction royale ; Louis XV brisa les puériles résistances des jansénistes ; et comme le parlement protestait, il y eut des mesures de rigueur, des lettres de cachet méritées. Ces parlementaires la plupart, au reste, fort honorables dans leur vie privée, étaient insupportables quant aux opinions et aux résistances politiques, énervantes, insultantes pour l'autorité du Roi et pour la marche générale des affaires.

XII

1751-1752.

La paix générale signée à Aix-la-Chapelle avait amené un temps de repos et de doux loisirs. La marquise de Pompadour redoublait d'efforts pour distraire le Roi de son inexplicable ennui. Louis XV, comme Louis XIV, aimait à fonder, à créer, à construire les bâtiments, les jardins, à ouvrir de nouvelles voies, à parquer les forêts, à embellir les résidences royales ; et l'on peut reporter à cette époque de paix et de repos la fondation de la manufacture de Sèvres, l'École militaire, la plantation des Champs-Élysées, la place Louis XV, la féerique création du château de Bellevue. Aujourd'hui que les vieux bâtiments de la manufacture de Sèvres tombent en ruines, on ne peut se faire une idée de leur splendeur sous Louis XV : les cours sont dévorées par les herbes parasites, les murs pleins de crevasses ; nulle trace de son ancienne élégance (1). Quelques four-

(1) Les produits de la manufacture de Sèvres sont encore

neaux aux tubes allongés, annoncent que la vie industrielle, grossière et moderne a remplacé la fondation royale. C'est triste à voir que le délabrement des murailles, le dépècement des jardins : tout jusqu'à la forêt a perdu de son caractère grandiose. Les lavandières de Sèvres suspendent leur linge à des échalas qui s'étendent jusqu'à Suresnes.

La marquise de Pompadour avait toujours eu un grand goût pour les fantaisies d'art qui constituent l'élégance. Elle aimait les poteries, les vases de porcelaine de Saxe, comme les glaces et les trumeaux de Venise, au delà de l'or. Admirable artiste elle s'était aperçue de toute l'infériorité de la porcelaine française à l'égard des beaux produits de la Chine et du Japon : vases ciselés, tasses ou théières diaphanes. La cour depuis Louis XIII (1) avait même renoncé à ces belles poteries du xive au xvie siècle, magnifiques produits de l'art céramique qui représentent les plus splendides travaux de la renaissance ; l'Olympe et ses dieux, ou bien l'Histoire Sainte du vieux ou du nouveau Testament en couleurs brillantes,

---

si brillants qu'ils font disparates avec les bâtiments. J'ai visité plusieurs fois la manufacture de Sèvres, avec ses longs couloirs, ses cellules en ruines pour les ouvriers-artistes. On dirait un hospice plutôt qu'une manufacture.

(1) L'histoire de l'art sous Louis XIII, serait un beau travail : les coffrets, bahuts, sont d'un florentin exquis.

glauque comme les tritons, ou bleu céleste comme les Nymphes, ou de ce jaune inimitable comme les vitres des cathédrales, couleur étrange et mystique. On n'avait pas même pu atteindre la dureté blanche et ferme de la pâte de Saxe.

Ainsi la France qui avait déjà conquis par ses tapis ou ses tentures des Gobelins une supériorité sur l'Orient, et par ses glaces une puissance d'exécution comparable à celle de Venise, restait en arrière pour ses porcelaines. Les fermiers-généraux qu'on trouvait à la tête de tous les progrès industriels avaient fait quelques essais à Luciennes, à Chantilly. La marquise reprit leur idée et acheta le bâtiment que ceux-ci avaient naguère fait construire à cet effet, au-dessus du village de Sèvres, appuyé sur les bois de Meudon, autrefois la petite maison de Lully et de ses douze violons de la chapelle. Ce bâtiment la marquise le fit démolir pour en élever un autre dont elle dessina les ornementations. Aujourd'hui, je le répète, tout a disparu de ces élégances, de ces riches loges données aux artistes comme à Rome. La marquise concéda un palais aux ouvriers de Sèvres, parce qu'elle les traitait fraternellement : la manufacture eut ses beaux jardins, ses cascades, ses jets d'eau, ses riches bosquets, ses bois épais, ses taillis, sa petite chasse pour les artistes, car, eux

7.

aussi, aimaient à courir le cerf et le sanglier dans la forêt (1).

Les produits de Sèvres firent bientôt l'admiration du monde, et purent rivaliser avec ceux de la Chine, du Japon et de la Saxe. On dut à la marquise le secret de la pâte tendre, si fine et si belle, admirable production de l'art céramique. Elle-même venait travailler au laboratoire, donnant ses idées sur les nuances, les couleurs, l'or, le bleu céleste, le rose tendre sur porcelaine, la forme élégante des vases, plateaux, dessus de portes, et jusqu'à des voitures et des chaises à porteurs en porcelaine. La marquise dessinait les sujets avec une perfection infinie, car l'art était sa vie.

Dans une belle journée du mois de mai, en se rendant de Sèvres au château de Meudon, madame de Pompadour remarqua une hauteur agreste presque abandonnée aux bruyères, et avec une spontanéité qui tenait à son caractère d'artiste, elle s'écria : *Oh ! la belle vue !* Cette vue en effet s'étendait sur la Seine, Saint-Cloud, Versailles et jusqu'au delà de Saint-Germain : sur cette hauteur en véritable improvisatrice Italienne, madame

---

(1) Les ouvriers-artistes de la manufacture de Sèvres, comme les verriers (nobles d'état), avaient le droit de chasse.

de Pompadour traça le plan artistique d'un château élégant, avec des jardins qui des hauteurs s'étendraient jusque vers la Seine. A un jour indiqué, elle convoqua architectes, peintres, décorateurs et jardiniers ; la marquise placée sur un trône de gazon et de cailloutage comme la Pomone antique, discuta le plan de la nouvelle résidence avec l'architecte Landureau, l'inimitable jardinier, Delisle et les grands artistes, Pigale, Boucher, Vanloo, qui la saluant comme la souveraine de l'art, devaient servir de décorateurs au château (1).

Les travaux commencèrent immédiatement, avec une précision, une ardeur incomparable; le Roi souvent faisait apporter son déjeuner au milieu des ouvriers pour suivre ces travaux; deux ans à peine écoulés, le château de Bellevue était achevé (2), et le Roi put y souper avec ses gentilshommes et la marquise. Le plan nous reste encore de Bellevue avec ses ornementations ravissantes.

Deux pavillons s'ouvraient sur une première cour destinée aux écuries et à la salle de spectacle. Puis venait une seconde cour environnée de bâtiments des trois côtés, tandis que sur le qua-

(1) Les travaux commencèrent le 30 juin 1748.
(2) Le 24 novembre 1750.

trième au midi se déployaient le parc et la terrasse avec une vaste échappée de vue sur la Seine, le bois de Boulogne, les villages si riants et si beaux, les îles si vertes. Du château une rampe de verdure, d'orangers en fleurs, de citronniers et toute gazonnée, descendait vers la Seine, sous des berceaux et de belles ombrées. Au milieu du jardin et comme sous un temple, on voyait un buste du Roi, œuvre de Pigale, et plus bas celui de la marquise, comme si une sujette devait être toujours aux pieds du Roi! A l'extrémité de la rampe, était un petit bâtiment que la marquise avait appelé Brimborion, presque aux bords de la Seine.

L'intérieur du château était merveilleux par ses marbres, tableaux et statues, la salle à manger, les bains, la galerie de musique. Le château achevé, le Roi occupa le bel appartement qui lui était destiné : ce soir, il gelait à glace, et après un souper tout plein de spirituels paris, la marquise conduisit Louis XV dans une serre magnifique, éclairée à mille bougies et où les fleurs répandaient un parfum enivrant. Les couleurs des roses, des œillets étaient vives, les lilas et les renoncules avaient leur plus belle robe ; le Roi parut s'étonner que selon son usage, la marquise ne lui offrît pas un bouquet. Il porta donc la main avec spontanéité sur ces mille calices de fleurs et il s'aperçut qu'elles étaient froides et inflexibles. C'était de la porcelaine, nouveau biscuit de Sèvres; et dans chacune de ces fleurs étaient des essences, des parfums qui embaumaient l'air. La marquise aimait ces féeries empruntées au palais d'Armide.

Bellevue plut tellement au Roi qu'il vint souvent y fixer sa résidence (1). Louis XV aimait les grands aspects, les vastes paysages; il y travaillait même quelquefois avec ses ministres : c'est à Bellevue que fut signé l'édit qui fondait l'École militaire, une des créations les plus brillantes du règne de Louis XV. Il y signa également l'édit si libéral qui attachait la noblesse au service militaire (2), ramenant ainsi l'esprit gentilhomme à son origine première : les armes. La promenade aimée, favorite de madame de Pompadour fut toujours la charmante allée de tilleuls qui de Bellevue menait à Meudon, et cette rampe descendant en escalier des hauteurs couronnées de bois jusqu'au petit Brimborion, fantaisie d'artiste, bonbonnière de marbre et de porcelaine.

De toutes ces créations féeriques, que reste-t-il encore à Bellevue? Noble château, il a eu la des-

---

(1) Louis XV acheta Bellevue en 1757.
(2) 1752.

tinée de Marly, brisé, morcelé dans un de ces ravages de l'esprit destructeur enfanté par la Révolution française. J'écris ces lignes à quelques pas de Brimborion, entouré de ces petites maisons proprettes, étriquées, qui ont remplacé le riche manoir de madame de Pompadour et de Mesdames de France. Qu'êtes-vous devenues, œuvres de Coustou, de Boucher, de Fragonard, de Pigale, de Falconet et d'Adam? Bellevue acheté par quelques spéculateurs d'assignats, a été dépouillé de ses ornements, sans même épargner la pauvre retraite des capucins que madame de Pompadour avait placée derrière son château, comme pour se rappeler le repentir et la mort.

De cette ferre, à chacun son morceau : treilles d'échalas, jardinets d'oignons ou de carottes, belvéder à girouette de tôle ; chacun a fait sa fantaisie, à ce point que le chenil de madame de Pompadour est devenu une des belles habitations du lieu : pourquoi s'en étonner? Le château de Meudon ne fut-il pas transformé en poudrière? et la plus verdoyante des îles de la Seine, celle qui se déploie au pied du coteau de Meudon, comme un beau lézard au soleil, fut concédée à un fournisseur de cuirs pour y tanner et sécher ses peaux de bœufs.

Il ne suffisait pas de créer une École militaire, il fallait encore lui donner un palais digne d'elle;

si la rédaction de l'édit de 1750 était l'œuvre du maréchal de Belle-Isle, les dessins de l'École militaire furent concertés entre la marquise de Pompadour et l'architecte Gabriel, esprit considérable de cette dynastie d'artistes, tous si remarquables (1). Le maréchal de Belle-Isle sortait d'une famille financière, petit-fils du surintendant Fouquet ; les frères Pâris qui secondèrent si noblement le projet de fonder l'École militaire étaient également financiers, les amis de Lenormand d'Étioles et de madame de Pompadour. Il y avait dans les financiers d'alors des idées d'art et d'élégance : l'esprit Génevois et Juif ne dominait point encore ; ils pensaient que l'École militaire placée tout à côté des Invalides, ne devait pas être au-dessous du vieil hôtel élevé par Louis XIV, avec plus de jeunesse dans l'art et une admirable distribution d'appartements.

La marquise de Pompadour suivit avec une attention particulière la construction de l'École militaire, qui lui fit tant d'honneur. Elle présida surtout aux ornements. Tous ces trophées d'armes, tous les écussons aux fleurs de lis sou-

(1) Le premier des Gabriel mourut architecte du Roi, en 1686. Jacques lui succéda et mourut 1742, chevalier de l'ordre de Saint-Michel ; il eut pour fils Jacques-Ange, qui est mort en 1782. Tels étaient la grandeur et l'esprit de famille sous l'ancien régime.

tenus par des génies furent dessinés par la marquise avec ce faire inimitable qu'elle devait à Boucher. C'était le travail qu'elle soumettait le plus volontiers au Roi, que celui des travaux publics, secondée qu'elle était par son jeune frère, le marquis de Marigny, qui venait de succéder dans l'intendance des bâtiments à M. de Turneheim, son oncle. Tandis que Gabriel dessinait la place que la marquise voulait consacrer à Louis XV, le marquis de Marigny faisait planter les vastes terrains qui séparaient la porte Saint-Honoré du Cours-la-Reine. Madame de Pompadour venait alors d'acquérir l'hôtel d'Évreux qu'elle ornait de beaux jardins, et autour de cet hôtel, une multitude d'autres bâtiments s'élevaient à peu près sur les mêmes dessins et formaient ce qu'on appelle le faubourg Saint-Honoré (1); magnifiques hôtels avec large cour, belles écuries, jardins vastes, avec grille sur les nouveaux Champs-Élysées (car c'est ainsi que dans ses idées mythologiques la marquise de Pompadour nommait la nouvelle plantation). Le nom de Marigny est resté à un vaste carré des Champs-Élysées, en souvenir du surintendant des bâti-

---

(1) Rien de plus parfait que ces hôtels, qui s'étendaient depuis la rue des Champs-Elysées jusqu'au palais; on a respecté le nom de carré de Marigny. On vient de rendre justice à Gabriel en donnant son nom à une avenue. Pourquoi le souvenir de madame de Pompadour est-il proscrit?

ments, qui l'avait préparé et accompli. La place Louis XV, les Champs-Élysées furent l'œuvre de prédilection de madame de Pompadour et de ses loisirs. La marquise avait les idées les plus exactes, les plus élevées de ce qu'on peut appeler l'élégance; elle n'inventa pas le beau éternel, mais le gracieux qui plaît tant aux regards. Elle ne fit pas de l'art une chose compassée, elle chercha seulement à le varier, à l'embellir. On a beau déclamer au nom des lignes droites si sérieuses, contre l'art Pompadour, il n'en est pas moins parmi nous ravissant et français : meubles de salon, causeuses, fauteuils, paravents, chaises à porteurs, cages, volières aux filigranes d'or, désordre de rubans, fouillis de dentelles, d'étoffes de soie, de velours, mélange de poudre, de mouches et de rouge; en un mot, cette toilette Pompadour qui dut son nom à la marquise vivra autant que le caractère français. Remarquons que cette élégance, ce brillant de détails, ce raffinement de la vie n'enlevaient rien au courage de ces nobles gentilshommes qui savaient mourir pour la France!

XIII

1752-1755.

Le traité de paix d'Aix-la-Chapelle, quelles que fussent la solennité de ses formules et la gravité de ses causes, n'avait été considéré que comme une trêve dans l'esprit de certaines puissances qui ne signaient la paix qu'avec la pensée de la rompre au plus tôt ; l'Angleterre, par exemple, en bons rapports officiels avec la France, faisait continuer par ses officiers de terre et de mer, dans l'Inde et le Canada, des hostilités désavouées par l'ambassadeur : la popularité du traité était au reste, chaque jour attaquée dans le parlement et les journaux de l'opposition (1).

Le roi Frédéric de Prusse à son tour n'était pas complétement satisfait du traité d'Aix-la-Chapelle qui n'avait réalisé ses projets que d'une manière imparfaite : Frédéric avec son génie

---

(1) Dépêches du marquis de Mirepoix, ambassadeur de France en Angleterre.

ardent, les économies de son trésor, son puissant état militaire, se trouvait à l'étroit dans les limites que le traité avait fixées ; il n'aspirait qu'au jour où il lui serait permis d'agiter l'Allemagne pour s'en assurer encore quelques lambeaux (1). Déjà d'intelligence avec les Anglais, Frédéric s'assurait une autre force bien puissante alors, l'appui du parti philosophique qui préparait la popularité à toutes ses entreprises, même les plus étranges, les plus injustes. Les calvinistes, les jansénistes pamphlétaires réfugiés à Londres, Amsterdam, Berlin avaient voué à la France et à ses rois une haine implacable : tous jouèrent un rôle infâme durant ces guerres du XVIIIe siècle, pour susciter des ennemis à leur patrie (2). Voltaire se plaça résolûment à la tête de cette faction qui se vendit au roi de Prusse. Longtemps agenouillé devant la fortune de madame de Pompadour, il l'avait adulée avec son goût et son esprit charmants. Dans les bosquets de Bellevue, Voltaire improvisait ces vers :

> L'Amour entouré des Ris,
> Jouait avec la pomme accordée à sa mère
> Par le berger Pâris.
> Sa main folâtre et légère

(1) Voir mon *Louis XV*.
(2) Je prépare un travail sur le mal que les réfugiés huguenots en Angleterre et en Hollande firent à la France.

La jetait, l'attrapait, la rejetait en l'air;
Quand tout à coup l'oiseau qui porte le tonnerre
S'élance, la saisit et fuit comme un éclair ;
L'Amour désespéré parcourt toute la terre :
 Vénus ne le verra jamais
Qu'il n'ait trouvé le prix qu'obtinrent ses attraits.
 L'aigle planant sur nos rivages
L'avait laissé tomber dans ces riants bocages
 Où nos Rois ont fixé leur cour.
Un héros parcourant cet auguste séjour
La voit, la prend, il lit ces mots : A la plus belle.
Cette pomme, dit-il, regarde Pompadour,
 Il la lui porte devant elle.
 A l'instant se montra l'Amour ;
A peine il aperçoit cet objet qui l'enchante,
Que transporté de joie, il se jette à son cou :
Maman, maman, s'écrie-t-il, vous êtes bien méchante
De m'avoir fait chercher si longtemps ce bijou (1) !

Depuis, ce poétique enthousiasme s'était calmé. Il y en avait plusieurs causes : Voltaire n'avait pu supporter la rivalité de Crébillon, ni les faveurs dont le vieux poète avait été l'objet ; il s'en était blessé profondément. Ensuite Voltaire espérait un rôle politique dans le département des affaires étrangères ; sous l'aile de M. d'Argenson et de la marquise de Pompadour il avait été attaché à ce département comme écrivain rédacteur, et on lui attribuait quelques pièces importantes et confidentielles, par exemple le manifeste du prince

---

(1) Ce sujet a été gravé en 1754. C'est à tort qu'on a attribué ces vers à Bernis.

Édouard lors de son expédition en Angleterre (1), rédigé sous les yeux de madame de Pompadour. Voltaire ensuite ne put obtenir tout ce qu'il demandait, et de dépit il se retira à Cirey chez madame du Châtelet (la sèche et ennuyeuse Émilie), où il subit la nouvelle disgrâce de se voir délaissé pour un bel officier de dragons, Saint-Lambert, poëte philosophe comme lui (2).

Madame du Châtelet résidait une partie de l'année à la cour du roi Stanislas, prince pieux, mais d'une faiblesse extrême, et dont la cour était un peu le refuge de tous les philosophes. Le défaut des élèves des jésuites, des princes placés sous leur influence, avait toujours été cette faiblesse, cette tolérance extrême qui ouvraient les plus larges voies à toutes les opinions; et la plus grave erreur historique a été de leur attribuer cette dureté inflexible des idées et des jugements, ce qui était dans le caractère des jansénistes. A la cour de Stanislas il régnait donc une grâce facile, une faiblesse

(1) Il a été inséré dans les *Mémoires de Voltaire*.
(2) Le marquis de Saint-Lambert était né en 1717, lorrain d'origine. C'est en faisant allusion à sa triste mésaventure que Voltaire écrivait :

> Les fleurs dont Horace autrefois
> Faisait des bouquets à Glycère,
> Saint-Lambert, ce n'est que pour toi
> Que ces belles fleurs sont écloses:
> Et les épines sont pour moi.

extrême pour tous les beaux esprits, une galanterie qui faisait la fortune et la renommée aussi bien de madame de Boufflers (1) que de madame du Châtelet. Ce fut à cette cour, après la mort de l'infidèle Émilie, que Voltaire passa décidément au service du roi de Prusse aux conditions que voici : il recevait la grand'croix de l'ordre du Mérite, la clef de chambellan, la promesse d'une baronnie avec vingt mille livres, pension attachée à son titre. Voltaire ainsi naguère gentilhomme de la chambre du roi Louis XV devenait chambellan du roi de Prusse ; il prit dès lors toutes les petites passions, toutes les haines implacables des réfugiés contre la France. A ses yeux les Français ne furent plus que des Welches (2).

(1) Madame de Boufflers était née de Beauveau Craon. Son mari, le marquis de Boufflers, était capitaine des gardes de Stanislas. Voltaire faisait allusion encore à cette situation lorsqu'il écrivait à madame de Boufflers :

Vos yeux sont beaux, votre âme encor plus belle,
Et sans prétendre à rien, vous triomphez de tous ;
Si vous eussiez vécu du temps de Gabrielle,
Je ne sais pas ce qu'on eût dit de vous,
Mais on n'aurait point parlé d'elle.

(2) Cependant Voltaire faisait toutes sortes de démarches pour rentrer dans les bonnes grâces de madame de Pompadour : il écrivait au maréchal de Richelieu : « Ne pourriez-vous pas avoir la bonté de persuader à madame de Pompadour que j'ai précisément les mêmes ennemis qu'elle ; si elle souhaite que je revienne, ne pouvez-vous donc pas lui dire que vous connaissez mon attachement pour elle ; qu'elle seule pourrait me faire quitter le roi de Prusse, et que je n'ai quitté la France que parce que j'y ai été persécuté par ceux qui la haïssent, etc.? »

Voltaire accueilli, fêté à Berlin par Frédéric qui voulait avoir cette grande popularité à son service, y acheva le poëme immonde, anti-français de la *Pucelle d'Orléans*, écrit en l'honneur des Anglais. Dans ce poëme où tout est livré aux baisers impurs de l'Anglais Jean Chandos, Voltaire pour servir la politique de la Prusse qui voulait renverser madame de Pompadour, écrivit ces vers honteux contre la belle protectrice qu'il avait naguère si servilement louée :

> Telle plutôt cette heureuse grisette
> Que la nature ou l'art forma
> Pour le sérail, ou bien pour l'Opéra;
> Qu'une maman avisée et discrète,
> Au noble lit d'un fermier éleva,
> Et que l'amour d'une main plus adroite
> Pour un monarque entre deux draps plaça.
> Sa vive allure est un vrai port de Reine,
> Ses yeux fripons s'arment de majesté,
> Sa voix a pris le ton de souveraine
> Et sur son rang son esprit est monté (1).

Ces vers spirituels et charmants au reste, étaient dictés par la plus noire ingratitude : cette grisette dont parlait Voltaire, était la femme jeune et spirituelle, qui lui avait tendu la main dans la disgrâce; la maman avisée et discrète avait été la

(1) Ces vers ne sont que dans quelques éditions de la *Pucelle*.

protectrice du poëte dans les salons de M. Lenormand d'Étioles, qui avait fait la fortune financière de Voltaire de concert avec les frères Pâris. M. Lenormand lui-même n'échappait pas aux sarcasmes de l'auteur de la *Pucelle*. Voltaire le désignait sous le nom du *fermier* au lit duquel madame de Pompadour avait été élevée. A Berlin, toute la coterie des réfugiés put s'en donner à l'aise contre la patrie et le Roi : dans les soupers de *Sans-Souci* fut inventée et façonnée l'épithète de *Cotillon deux,* donnée à madame de Pompadour, et l'accusation que l'alliance de la France et de l'Autriche était due aux gracieuses lettres que Marie-Thérèse écrivait à celle qu'elle appelait sa cousine la marquise de Pompadour (1), fut répandue dans les pamphlets.

Telle n'était pas la sérieuse réalité des affaires; l'alliance entre l'Autriche et la France fut provoquée par les résultats considérables d'une politique étudiée; elle ne fut accomplie qu'après les hostilités des Anglais commencées contre nos flottes et nos colonies, le traité d'alliance et de subsides de Frédéric avec les wighs. Il faut suivre les faits pour juger avec quelle précaution, avec

---

(1) Le prince de Kaunitz fut ambassadeur à Paris, de 1750 à 1756.

quelle habileté procédaient les deux cabinets de Vienne et de Versailles afin de parer aux éventualités d'une situation que l'Angleterre et la Prusse avaient violemment amenée par une guerre injuste et commencée sans déclaration préalable. Voici la série des conventions diplomatiques signées entre la France et l'Autriche avant la résolution de la guerre :

1° Le 1ᵉʳ mai 1756, il fut conclu un simple traité de neutralité en ces termes : « La tranquillité de l'Europe étant troublée par les différends qui divisent la France et l'Angleterre, l'Impératrice-Reine déclare qu'elle ne prendra ni directement ni indirectement part aux susdits différends, mais qu'elle observera une parfaite et exacte neutralité pendant tout le temps que durera la guerre (1). » Tel est le premier traité.

2° Le même jour (1ᵉʳ mai 1756), il fut signé une convention secrète en ces termes : « Cependant, si à l'occasion de ladite guerre, d'autres puissances que l'Angleterre viennent à attaquer, même sous prétexte d'auxiliaires, aucune des provinces que Sa Majesté très-chrétienne possède en Europe, Sa Majesté Impératrice et Reine s'engage

---

(1) Le traité est signé par le comte Starhenberg, M. le comte de Rouillé et l'abbé de Bernis. Il est de inséré dans Wenck, *C. Jur. Gent.* Amster., tome III, page 139.

à les garantir et à les défendre, et réciproquement, si les États de Sa Majesté Impératrice et Reine étaient attaqués sur le continent, Sa Majesté très-chrétienne s'oblige aussi à les défendre et à les protéger (1). »

C'était donc sur le pied d'une parfaite égalité que la France et l'Autriche traitaient entre elles. Exactement informées par leurs ambassadeurs, les deux cours avaient eu la communication du traité d'alliance et de subsides que venaient de conclure l'Angleterre et la Prusse (15 janvier 1756). « Sa Majesté Britannique promet et s'engage de payer tous les ans, tant que la présente guerre durera, un million de livres à Sa Majesté Prussienne, pour la mettre à même d'agir efficacement contre ses ennemis... De plus promet Sa Majesté Britannique d'envoyer dans la Baltique une escadre de quatre vaisseaux de ligne et plusieurs frégates. Elle s'engage en outre d'inquiéter la France sur ses côtes et dans les Pays-Bas afin de faire une diversion en faveur de Sa Majesté Prussienne (2). » Les traités entre la France et l'Autriche répondaient ainsi à cette alliance Anglo-Prussienne.

Par la connaissance de ces documents diplomatiques, tout change de face dans l'histoire sérieuse

---

(1) De Kock et le comte de Garden, t. IV, p. 19.
(2) Frédéric avait envahi le 29 avril 1756 l'électorat de Saxe.

sur l'origine de la guerre de sept ans. L'initiative n'était point prise par la France et l'Autriche. Les hostilités commencèrent de la part des Anglais et des Prussiens. Les deux cabinets de Vienne et de Versailles ne se rapprochèrent et ne s'unirent si intimement que parce que l'Angleterre et la Prusse troublaient la paix du monde.

On vit bientôt cette alliance s'étendre et se développer avec une incontestable habileté. Dès que Frédéric pour remplir les engagements du traité de subsides signé avec l'Angleterre, eut envahi la Silésie, une convention de quadruple alliance fut signée à Pétersbourg, au nom de la France par le marquis de Châteauneuf; au nom de l'Autriche par le comte Esterhazy; au nom de la Suède par le baron de Posso, et au nom de la Russie par le comte Voronsow (1). Ce fut donc un admirable triomphe de la diplomatie française, au moment où l'Angleterre commençait les hostilités contre elle, que d'attirer à son alliance les trois grandes puissances militaires du continent, la Russie, l'Autriche et la Suède. Ce traité d'une rédaction très-élevée, considérant le roi de Prusse comme le perturbateur du repos du monde, stipulait l'o-

(1) De Kock, Notes et documents V, et le comte de Garden, t. IV, p. 36.

bligation pour chacune des quatre puissances de pousser la guerre avec vigueur et persévérance jusqu'à ce qu'on eût réduit le roi Frédéric, à ce point de n'être plus une cause d'agitations et de troubles pour les autres cabinets.

Ce traité, les philosophes et les écrivains vendus au roi de Prusse, l'ont dénoncé comme inique et injuste; et plusieurs fois néanmoins il s'était produit dans l'histoire, et devait se produire encore, comme un acte de haute police européenne contre les princes qui tentaient de briser le vieil échiquier des souverainetés. En même temps la France et l'Autriche signaient à part une série de conventions militaires suivies d'indemnités territoriales : « Sa Majesté très-chrétienne, était-il dit, prend à sa solde un corps de 4,000 Bavarois, 3,000 Wurtembergeois, 7,000 Saxons, et paiera de plus à l'Autriche un subside annuel de 12 millions, pour l'entretien d'une armée de 100,000 hommes toujours disponibles; moyennant quoi, dès que Sa Majesté l'Impératrice et Reine aura repris la possession de la Silésie et du comté de Glatz, elle s'engage à céder à la France la souveraineté de Chimay (1), Beaumont, les villes et ports d'Ostende, de Niewport, les villes d'Ypres, de

---

(1) Les Pays-Bas étaient alors une possession autrichienne.

Furnes, de Mons, le fort de Knope et une lieue de territoire à l'entour desdites villes : et de plus, elle cèdera tout le restant du territoire des Pays-Bas à l'infant don Philippe de Bourbon, prince de Parme, ne se réservant que la voix à la séance de la Diète, la collation de la Toison d'Or, les armoiries et les titres de la maison de Bourgogne (1). » Un autre traité assurait le reversibilité des Pays-Bas à la France, après la mort de don Philippe de Bourbon, duc de Parme, qui prendrait le titre de grand-duc des Pays-Bas. C'étaient à peu près les termes du traité qui avait assuré la Lorraine à la France.

La connaissance de ces traités donnait ainsi un but très-sérieux, très-élevé à cette alliance de 1756, qui fut négociée par les hommes d'État de la plus haute intelligence. Ces traités à l'honneur éternel de madame de Pompadour, si, comme on le dit, elle les avait inspirés, assuraient : 1° le concours de l'Autriche quand la France se voyait inopinément attaquée par la Grande-Bretagne ; 2° la prépondérance diplomatique du cabinet de Versailles sur le corps germanique, spécialement sur la Saxe, la Bavière, le Wurtemberg ; 3° la cession faite par

---

(1) Le texte se trouve dans les pièces et documents publiés par M. de Garden, t. IV.

l'Autriche à la France, d'une nouvelle frontière sur les Pays-Bas, qui s'étendait du port d'Ostende jusqu'à la souveraineté de Chimay ; 4° la reversibilité de la Belgique tout entière à la mort de l'infant, duc de Parme ; 5° l'éventualité d'une réunion à la France de la rive gauche du Rhin promise par les cercles.

Ce n'était donc pas sans but utile, et sans stipuler des avantages matériels, que le cabinet de Versailles prenait à sa solde les contingents des cercles, de la Bavière, de la Saxe, du Wurtemberg (1) ; il était convenu : « que si par les éventualités de la présente guerre, les puissances Allemandes trouvaient de suffisantes indemnités sur le territoire de la Prusse, agrandie depuis 1715, lesdites puissances s'engageaient à céder à la France les territoires qu'elles possèdent sur la rive gauche du Rhin en réservant les droits des évêques, des abbayes, seigneuries médiatrices (2). » C'était, je le répète, le même système politique qui avait assuré la possession et la reversibilité de la Lor-

---

(1) Cette politique fut suivie par l'empereur Napoléon. C'est celle qu'adopta M. de Talleyrand pour organiser la confédération du Rhin. Les gentilshommes qui plaisantaient beaucoup sur cette armée des cercles, appelaient du nom de *tonnelier* le corps français du prince de Soubise, destiné à les soutenir.

(2) De Kock et les *Traités de paix* du comte de Garden, tome IV.

raine à la France, politique de réunion territoriale que le cabinet de Louis XV semblait plus spécialement affectionner. Ces traités ne furent pas ainsi l'œuvre d'un caprice, le résultat de quelques politesses flatteuses jetées par l'impératrice Marie-Thérèse à la marquise de Pompadour. Ils furent négociés, préparés par des esprits supérieurs, signés par l'abbé de Bernis, le prince de Kaunitz dans l'intérêt des deux puissances contractantes, et sanctionnés par la quadruple alliance avec la Suède et la Russie.

Pourtant cette grande politique du traité de 1756, l'histoire vulgaire l'a raillée comme l'œuvre d'une diplomatie en jupons et d'un cabinet énervé. Le XVIIIe siècle dirigé dans ses opinions par les philosophes vendus au roi de Prusse, liés à l'Angleterre par les réfugiés protestants a légué bien des stupidités à cette histoire écrite avec prétention, qui ramasse les faits et les raconte à une génération crédule et passionnée. Le roi de Prusse ne fut pas seulement un génie militaire du premier ordre, il eut encore ce côté admirable dans son esprit, qu'il sut comprendre et deviner tout ce qu'il y avait de bassesse, de complaisance dans les philosophes, les écrivains, les réfugiés de toute espèce qui se groupaient autour de lui. Entouré de ces athées qui prenaient le nom de libres penseurs, Frédéric II à l'aide de leurs écrits retentissants, pouvait défigurer les faits, jeter et imposer ses opinions à l'Europe. S'il correspondait avec Voltaire, d'Alembert, d'Holbach, Helvétius, c'était moins par estime et admiration de leurs talents, que parce qu'à l'aide de leurs écrits, de leurs flatteries, il restait maître de l'opinion.

Le roi de Prusse uni à l'Angleterre avait commencé les hostilités et porté le désordre en Allemagne. Eh bien ! cet agresseur couronné, les philosophes vendus à son cabinet eurent l'art de le présenter comme une victime de l'ambition et de l'injustice de la France, de la Russie, de la Suède et de l'Autriche. Frédéric II avait proclamé Voltaire le roi des philosophes. A son tour Voltaire déclare le roi de Prusse un Titus, un Marc-Aurèle en butte à l'injustice, à l'ingratitude des cabinets, au moment même où il dépouillait le roi de Saxe. La puissance des écrivains fut telle, que cette guerre, toute nationale, toute profitable à la France, qui devait lui assurer des conquêtes réelles, fut dépopularisée à son origine. Elle suscita, elle trouva partout de l'opposition. La France n'y apporta pas cette puissance, cette énergie nécessaire à toute grande entreprise, parce que la popularité fut aux opinions des philosophes vendus à l'Angleterre et à la Prusse.

XIV

1750-1756.

Dans la guerre qui allait s'engager sur une aussi large échelle, tout ce qui avait un peu l'âme française devait espérer le loyal concours des parlements pour le vote des subsides. Il semblait aux esprits sérieux, que lorsqu'un péril considérable menaçait la couronne et le pays, on devait obtenir le suffrage de tous pour la gloire et la force de la patrie. Il n'en fut pas ainsi des parlements, surtout de celui de Paris, la tête de tous les autres, toujours fiers de suivre son exemple.

Le parlement de Paris se composait (la grand'-chambre surtout) de familles puissantes, traditionnellement dévouées à la couronne, mais très-incommodes dans leurs puériles prétentions au partage du pouvoir. Le seigneur Roi était honoré et presque adoré à genoux ; mais en même temps, les parlementaires se liguaient pour créer le plus d'obstacles possibles à l'action de son autorité. Le Roi était proclamé le maître absolu en toute chose, tenant sa couronne de Dieu, et on lui faisait de la résistance sur les questions religieuses, politiques, enregistrements d'édits. En histoire il faut tenir compte des moindres incidents pour expliquer les révolutions ; la partie jeune et neuve des parlements n'appartenait plus à la fidélité traditionnelle de la grand'chambre ; il y avait dans les enquêtes et les requêtes, des magistrats qui rêvaient la constitution anglaise : les ducs et pairs qui avaient siégé au parlement espéraient devenir les lords de la chambre haute ; les conseillers-clercs rêvaient la pairie ecclésiastique tandis que les enquêtes et les requêtes avaient la prétention et l'orgueil de se transformer en chambre des communes anglaises. A cet effet les plus hardis avaient la pensée de l'union des parlements en un seul, et tous ces grands corps devaient former le contre-poids de la Royauté comme en Angleterre (1).

Toutes ces idées avaient été mises à la mode par les publications d'un magistrat qui appartenait au parlement de Bordeaux, bel esprit, d'une érudition douteuse et affectée, le président Secondat de Montesquieu ; il avait débuté par un livre prétentieux,

---

(1) On exalte tous les jours les parlements ; ils perdirent la monarchie et se perdirent eux-mêmes.

frondeur et léger, les *Lettres persanes*, dans lequel aucune institution n'était respectée; ce livre l'avait popularisé dans le parti philosophique; et après avoir galantiné dans le *Temple de Gnide* (1), il publiait l'*Esprit des Lois*, œuvre démesurément louée, almanach météorologique sur les institutions des peuples. Le président de Montesquieu dans sa philosophie barométrique, prouvait que selon le froid ou le chaud, on était propre à la liberté ou à la servitude; étrange thèse, jeu de mots contraire à tous les faits, à toutes les expériences; car Sparte, Lacédémone, Rome dans l'antiquité appartenaient à la zone méridionale, et dans le moyen-âge les Cortès d'Espagne, les Républiques d'Italie, n'étaient-elles pas au Midi, tandis que les royautés absolues, divines filles d'Odin, s'étaient constituées au Nord; si le soleil brûlant énerve, est-ce que le froid n'engourdit pas (2)?

Les *concetti* érudits du président de Montesquieu qui prouvaient « les faits par les faits mêmes, les actes par les actes mêmes » avaient un grand succès dans les classes du parlement; l'auteur de

---

(1) Le *Temple de Gnide*, d'une poésie fort médiocre, fut composé, dit Montesquieu, pour l'amusement du comte de Clermont.

(2) Aussi Montesquieu a-t-il mis une carte géographique à son *Esprit des Lois*. Voir mon *Louis XV*.

ces petites phrases, de ces petits vers du *Temple de Gnide*, avec son admiration exclusive pour les institutions anglaises, sa théorie du balancement et de l'harmonie des pouvoirs, entrait tout à fait dans les idées nouvelles du parlement et justifiait leur ambition et leur résistance. Cette résistance dont l'origine remontait à la Régence, on l'avait vue surtout se déployer à l'occasion un peu étrange du refus de sacrements : il n'y a rien de complétement puéril dans la marche et le développement de l'histoire, et telle question qui nous paraît insignifiante, était grosse, immense, à l'époque où elle s'agitait. Depuis le moyen-âge, les sacrements étaient le signe par lequel les fidèles étaient reconnus par l'Église dans la communion générale. Tout ce qui se rattachait à l'aptitude ou à l'indignité des sacrements devait dépendre de la juridiction ecclésiastique à laquelle présidait l'évêque diocésain.

Telle n'était pas la façon de voir des parlements, et ils prétendaient par la connaissance de l'appel comme d'abus décider ces sortes de questions sacramentelles. Les querelles en vinrent à ce point que le parlement décréta de prise de corps les prêtres qui refuseraient les sacrements, et on le vit mander à sa barre l'archevêque de Paris (1).

(1) L'archevêque avait fait une admirable réponse aux in-

Le trouble que ces luttes jetaient dans la société avait plus d'une fois engagé le Régent et le cardinal de Fleury à intervenir, et sans adopter tout à fait les principes de la bulle *Unigenitus*, le conseil du Roi déclara que les parlements n'avaient pas le droit de suspendre la juridiction de l'archevêque de Paris et de saisir son temporel (1).

Le parti janséniste du parlement jetait ainsi un trouble indicible dans la société en se plaçant sans cesse en tête de la résistance : le Roi l'aurait toléré dans les querelles ecclésiastiques en dehors de l'action du pouvoir ; mais quand il s'agissait de l'enregistrement des édits bursaux, de lever l'impôt ou de l'agrandir, ces sortes de résistances devenaient insupportables, car elles arrêtaient les ressorts de l'autorité. Les parlementaires qui se montraient si austères, si ménagers des deniers quand il s'agissait de les accorder au Roi et aux besoins de l'État, étaient la plupart avides, rapaces, spéculateurs ; presque tous enrichis dans le système de Law et par des mariages financiers, ils tenaient leurs grandes fortunes et leurs

---

jonctions du parlement : « L'administration des sacrements est un ministère que je ne tiens que de Dieu. Au surplus, je me ferai un devoir d'en conférer avec le Roi. »

(1) Le parlement avait désobéi et interrompu le cours de la justice. Le Roi écrivit alors des lettres de cachet : « Je vous ordonne de rentrer dans mon parlement et d'y reprendre vos fonctions ordinaires. »

plus belles terres de ces alliances. Le président Molé avait reçu dix-huit cent mille livres de dot de Samuel Bernard dont il épousait la fille ; Lamoignon de Malesherbes, le railleur de croyances, le plus absolu des caractères, et si faible quand il s'agissait de tendre la main aux philosophes faiseurs de renommée, s'unissait à la fille de Grimod de la Reynière, un des plus grossièrement enrichis d'entre les fermiers-généraux (1). Il n'y avait certes ni crime ni faute en tout cela : Gros-Bois de même que Champlatreux, Maisons, etc., venaient des financiers, et c'était bien acquis que de l'obtenir par mariage. Mais ce qui n'était pas aussi légitime dans le devoir des parlementaires, c'était l'opposition très-dure, très-opiniâtre qu'ils faisaient à tout ce qui était impôt, moyens financiers nécessaires pour parer aux crises publiques et aux besoins réguliers du trésor. Il y avait refus d'enregistrement, et après les lits de justice, remontrances publiques hautaines, de manière à dépopulariser l'impôt avant sa perception.

Du côté de la cour le seul moyen de défense contre ces oppositions, c'était après les lits de justice, l'exil des parlementaires : on choisissait les plus entiers, les plus récalcitrants parmi ces

(1) M. de Malesherbes était fils du président Lamoignon-Blancménil, depuis garde des sceaux.

magistrats brouillons, imitateurs de la Fronde, qui cherchaient le bruit pour échapper à l'obscurité. Le soir au conseil, des lettres de cachet étaient signées avec plus de discrétion et de discernement qu'on ne croit, les compagnies de mousquetaires prévenues recevaient les ordres ; le matin, au chant du coq, deux exempts des gardes étaient envoyés à chacun des magistrats désignés pour l'exil, afin d'exécuter les ordres du conseil. Les exils variaient ; pour les plus coupables on leur assignait de lointaines provinces, des villes ou des villages au sommet des montagnes, lieu d'ennui et de méditation ; à quelques-uns même des prisons d'État, le château de Pierre-en-Cise, les îles Sainte-Marguerite. La majorité moins coupable était seulement reléguée dans les châteaux ou fiefs de leur domaine, au sein de leur famille, avec toute liberté de correspondance et de vie privée (1).

A ces actes de vigueur, le parlement répondait par des remontrances, des suspensions de justice et même des démissions de charge ! Pour les remontrances, les parlementaires étaient jusqu'à un certain point dans leurs droits (sauf au Roi d'en faire tel usage qui conviendrait) ; mais ces arrêts

---

(1) Les lettres de cachet étaient brèves : « Monsieur, vous vous rendrez à....., pour y attendre mes ordres. »

de suspension de justice à l'occasion d'une question politique, démontraient les vices d'un système qui plaçait la résistance constitutionnelle aux mains de ceux qui ne devaient que la justice aux sujets, de sorte que les procès souffraient souvent des débats de la politique. Enfin, ces démissions répétées par les présidents et conseillers faisaient souvent se demander s'il ne serait pas plus utile enfin d'accepter ces démissions sans les rendre, et de constituer un nouveau parlement tout de judicature, plus à ses devoirs de justice qu'à ces agitations politiques qui troublaient la marche de l'État.

La marquise de Pompadour se trouvait naturellement appelée à résoudre ces questions de pouvoir et de résistance, et le témoignage impartial d'un président mêlé au parti de l'opposition nous montre de quelle hauteur et avec quelle science pratique elle savait les examiner. Le président Meynières de la chambre des enquêtes avait demandé une audience à la marquise de Pompadour. M. Durey de Meynières était président à la chambre des enquêtes du parlement, une des parties les plus turbulentes de l'assemblée ; il avait un fils dans les gardes et pour lequel il demandait de l'avancement ; le roi Louis XV s'y était constamment refusé par cette raison légitime que si un gouvernement doit l'équité à tous, il n'accorde ses faveurs qu'à ceux qui le secondent en le servant avec dévouement. Repoussé avec une certaine sévérité, le président Meynières demanda une audience à la marquise de Pompadour qui s'empressa de le recevoir. Les détails de cette entrevue nous ont été conservés par le président Meynières lui-même, et son récit ne peut être accusé d'un sentiment de partialité pour la marquise de Pompadour (1).

L'audience fut donnée dans les petits appartements de Versailles; la marquise était debout près du feu, accoudée sur la cheminée : le président comme halluciné par la majesté d'un regard supérieur, salua profondément. Après quelques mots de respect, il exposa avec une modestie extrême l'objet de sa demande : « Je sais, madame, que j'ai eu le malheur de déplaire au Roi, mais je ne puis deviner la cause particulière de ma disgrâce. » A ces paroles peu sincères, la marquise répondit avec vivacité : « Comment, monsieur le président, vous ne savez pas ? rappelez vos souvenirs : ne vous disent-ils pas en quoi vous avez pu déplaire au Roi ? — Non, madame, je l'ignore. — Vous

---

(1) Ce document a été publié dans les *Mélanges de littérature et d'histoire* recueillis par la Société bibliophile française, 1856.

n'avez donc pas un ami qui vous le dise? — Vous voyez bien au contraire, madame, qu'il faut bien que j'en aie, puisque c'est par eux que j'ai obtenu la grâce de vous faire ma cour (1); mais aucun ne m'a dit la cause de ma disgrâce. — Vraiment, c'est étrange; eh bien! dit la marquise, avec un sourire fin et gracieux, la cause de votre disgrâce, c'est votre propre mérite, votre science. Vous êtes le rédacteur de la plupart des actes émanés de la chambre des enquêtes contre les édits, le Roi le sait et en garde mémoire. »

Le président un peu interdit d'un reproche si spirituellement fait, et qui flattait son amour-propre, s'excusa le mieux qu'il put : « Dans tous les cas, dit-il, si j'ai eu le malheur de déplaire au Roi, ce n'est pas un motif pour fermer la carrière à mon fils. — Le Roi est le maître, reprit madame de Pompadour; s'il ne juge pas à propos de vous marquer personnellement son mécontentement, il vous le fait éprouver en privant monsieur votre fils de sa faveur personnelle. Je vous plains cependant, et ne demanderais pas mieux que d'être à portée de vous rendre service. Vous savez, par exemple, que le Roi, en ce moment, désire des marques de soumission de la part de MM. des en-

(1) Cet ami, c'était l'abbé Bayle, homme fort érudit.

quêtes et des requêtes qui ont donné leur démission ; plusieurs ont écrit des lettres respectueuses ; si vous vouliez en écrire une de même et engager plusieurs autres à en écrire de semblables, ce serait un service que vous nous rendriez dans les circonstances présentes, et je m'empresserais de les faire valoir auprès du Roi. Maintenant que voulez-vous que je dise à Sa Majesté ? sinon : « J'ai vu aujourd'hui M. de Meynières ; il m'a protesté de l'attachement le plus respectueux à votre personne. » Le Roi répondra : « Qu'a-t-il fait pour me le prouver ? Rien ; » et les choses demeureront dans le même état (1).

Le président de Meynières essaya de prouver que cette démarche était impossible, et que l'honneur du parlement exigeait ainsi la résistance. Alors (dit le président dans son récit) madame de Pompadour se prit à sourire et *avec une éloquence admirable* (2) me dit : « Je suis toujours étonnée d'entendre mettre en avant ce prétendu honneur du parlement, pour ne pas faire ce que le Roi désire, ce qu'il veut, ce qu'il ordonne, et de ne pas considérer qu'il est du véritable honneur de remplir les devoirs de son état et de faire cesser le

---

(1) J'ai suivi sur quelques points une version manuscrite, qui diffère un peu de celle qu'a publiée la Société des bibliophiles.

(2) Ce sont les expressions du président.

désordre qui règne dans toutes les parties de l'administration par le défaut de justice. Voilà, monsieur, en quoi il faut faire consister son honneur, à reconnaître ses torts, la légèreté, la précipitation d'une démarche contraire à toute règle, à toute bienséance. Je crois que personne ne doute combien j'honore la magistrature; il n'y a rien que je ne donnasse pour n'avoir pas à faire ce reproche à ce tribunal auguste, à cette cour qui fait d'elle-même tant d'éloges dans ses écrits et ses remontrances ! Quoi, c'est cette cour si sage qui veut sans cesse rectifier le gouvernement, et qui en un quart d'heure se porte à une extrémité de cette espèce (1) : la démission de ses membres. C'est pourtant avec ces insensés que vous avez donné votre démission, monsieur de Meynières, et vous mettez votre honneur à ne pas vous détacher d'eux ! Vous aimez mieux voir périr le royaume, les finances, l'État entier, et vous faites en cela consister votre honneur. Ah ! monsieur de Meynières, ce n'est pas là l'honneur d'un sujet véritablement attaché au Roi, ni même d'un citoyen attaché à son pays. »

Le président de Meynières avoue encore lui-même qu'ébloui de cette belle et grande éloquence, il répondit qu'on ne pouvait espérer une concilia-

---

(1) La démission de février 1756.

tion, qu'après que le parlement serait remis dans son droit, et les exilés rappelés en leur renvoyant la démission qu'ils avaient donnée.

« Ainsi, monsieur le président, continua madame de Pompadour d'une voix charmante dans son intonation et sa vivacité, il faut que l'État périsse, parce que le Roi ne rendra pas au parlement quelques agitateurs exilés. Si votre résistance dure encore, il faudra que le Roi manque à ses engagements envers ses alliés, qu'il cesse de payer les pensions, les troupes et l'entretien de l'armée. Voyez l'état où vous réduisez le royaume; et vous demeurez sourds et indifférents : les démissionnaires du parlement n'ont-ils pas eux-mêmes abdiqué leur charge volontairement? Le Roi peut donc retenir celles de ces démissions qu'il lui convient, et faire grâce aux autres; c'est tout ce qu'il doit.

— Faire grâce, madame, le mot est fort dur; on fait grâce à des criminels et nous ne le sommes pas.

— Ce que j'ai dit, monsieur le président, est dur, je le reconnais, mais je ne suis qu'une femme, non pas un chancelier; quand ceux qui ont le droit de vous parler le feront, ils pèseront les expressions pour ne rien diminuer de la considération qu'il est essentiel de conserver à la magistrature; mais

9.

il faut avant toute chose que l'honneur du Roi soit conservé, et ainsi il sera fait.

— Quelle éloquence, madame! je voudrais la posséder comme vous pour subjuguer les chambres des enquêtes et des requêtes. Au reste, ce n'est pas la première fois que ces deux chambres ont cessé leur service : un exemple s'en est produit sous Henri IV, depuis le 20 mars jusqu'au 6 juin. — Y eut-il des exilés, monsieur le président?— Un seul, le conseiller de la Rodière que le Roi regardait comme un fol, et qui fut rendu à sa compagnie avant le 6 juin.

— Vraiment cela est très-beau pour Henri IV! reprit la marquise avec une dignité railleuse... C'est la trop grande bonté du Roi qui vous rend tous si entreprenants et si difficiles. A la fin, sa bonté se lasse et il veut être le maître. N'allez point attribuer aux ministres le ressentiment personnel et tout particulier du Roi, comme vous faites toujours. Il ne s'agit point ici d'eux : c'est le Roi qui est personnellement blessé et qui veut être obéi... Mais je vous le demande, messieurs du parlement, qui êtes-vous donc pour résister aux volontés du Roi, ainsi que vous le faites? Croyez-vous que Louis XV ne soit pas un aussi grand prince que Louis XIV? Croyez-vous que le parlement d'aujourd'hui soit composé de magistrats de plus grandes qualités et mérites que l'ancien?

Ah! je le souhaiterais bien. Qu'il s'en faut qu'ils leur ressemblent! Mais considérez vous-même ce qu'a été le parlement depuis 1673 après que Louis XIV lui eut ôté les remontrances jusqu'en 1713, et vous verrez si jamais le parlement a été plus grand, plus considéré. Pourquoi aujourd'hui, messieurs du parlement, trouvez-vous extraordinaire qu'on vous ramène à l'exécution de l'ordonnance de 1667? »

Cette admirable et savante improvisation dans la bouche d'une femme aimable, artiste, élégante, occupée du monde, étonna, interdit le président qui laissa échapper une phrase irréfléchie : « C'est qu'alors, madame, ils n'osaient pas...—Y songez-vous, monsieur de Meynières? Ils n'osèrent pas et vous autres, vous l'osez aujourd'hui, n'est-ce pas? Pensez-vous donc que le Roi soit moins puissant, moins résolu que son bisaïeul! ils n'osèrent pas! Ah! mon Dieu, quelle expression vous employez! je sais que c'est la façon de penser de ces messieurs du parlement et d'autres; mais il y en a peu qui l'avouent, et je suis fâchée de savoir de votre propre bouche, monsieur le président, que vous avez cette opinion. » En finissant ce discours, ajoute M. de Meynières dans son récit, madame la marquise me congédia par quelques paroles vagues et polies, me laissant rempli d'étonnement et d'admiration (1). » Tel est le résumé écrit par M. de Meynières lui-même. C'est donc un témoin oculaire, un grave magistrat, un opposant, un adversaire des idées et des intérêts de madame de Pompadour qui raconte ici cette entrevue. Il reconnaît que le beau rôle fut du côté de la marquise, et dans le fait la conduite des parlements était sans dignité, sans patriotisme ; au moment d'une guerre nationale contre l'Angleterre, lorsque gentilshommes et peuples marchaient au drapeau avec dévouement, ces parlementaires se jetaient dans un système d'opposition étroite, mesquine qui allait jusqu'au refus de l'impôt : on aurait dit que les parlementaires voulaient profiter des embarras du pouvoir, des malheurs de la patrie, pour conquérir des prérogatives et des droits ! Madame de Pompadour, dans cette entrevue, avait vu les réalités de la situation ; elle dit au président la vérité des choses.

Quelle merveilleuse intelligence que celle de la marquise ! Ici ce n'est pas seulement l'artiste, la femme de cœur qui encourage les gentilshommes aux batailles, c'est encore la légiste sérieuse, la

(1) « Madame de Pompadour, dit le président, était seule, debout près du feu ; elle me regarda de la tête aux pieds, avec une hauteur qui restera toute ma vie dans ma mémoire, sans faire de révérence et me mesurant de la façon la plus imposante. »

politique d'État qui discute sur les prérogatives de la couronne, les défend avec éloquence, établit ses rapports avec les parlements; et elle apporte dans tous ces débats un tact, un esprit de convenance, une supériorité de vue capable d'étonner un président de chambre. Désormais on s'explique la confiance absolue de Louis XV pour la marquise, d'un dévouement si grand et d'une intelligence si supérieure à une époque de crise et de bataille!

XV

1756-1758.

Il n'y avait plus à hésiter dans la question de paix et de guerre. Les Anglais, au mépris du droit des gens, avaient commencé les hostilités au Canada et sur mer contre le pavillon de France, tandis que le roi de Prusse se jetait en Allemagne avec cette audace de conceptions et d'entreprises qui tenait au génie de Frédéric II. Il fallait donc arriver à l'exécution des traités d'alliance et aux préparatifs de la guerre. Le conseil se réunit et examina avec une grande attention les plans de campagne qui lui furent soumis.

La tête de guerre la plus importante, la plus considérable de ce conseil, c'était le maréchal de Belle-Isle, le chef de la famille financière des Fouquet (1), vieux soldat, à l'esprit jeune et hardi, l'ami de madame de Pompadour; il avait fait toutes les campagnes de 1743 à 1747;

---

(1) Louis-Charles-Auguste Fouquet, comte de Belle-Isle, né en 1684, fort ami du Régent.

la marquise lui destinait le département de la guerre. On devait au maréchal de Belle-Isle la plupart des institutions militaires de cette époque, l'introduction de nouveaux corps dans l'armée : les pandours, les houlans, les hussards, troupes irrégulières, mais intrépides, qui donnaient de la vigueur, de la vie à la grosse et vieille cavalerie. L'armée française comptait au moins un tiers de troupes étrangères dans ses rangs : Suisses, Irlandais, Écossais, Allemands, Corses, Italiens; bonne coutume qui épargnait l'impôt du sang aux familles de cultivateurs vouées à la terre. Ces troupes de condottieri, à l'étrange costume, rappelaient les grandes journées des guerres d'Italie au moyen-âge : reîtres et lansquenets avaient fait si bien les campagnes du XVIe siècle !

La guerre qui allait s'ouvrir devait être à la fois défensive et offensive. Appelé à combattre les Anglais, le maréchal de Belle-Isle proposa la formation d'une armée de Normandie dont il prendrait lui-même le commandement, et composée de soixante-dix bataillons, quarante escadrons, avec une artillerie formidable. Sa destination définitive était l'Angleterre qui serait hardiment envahie. Comme les Anglais à leur tour menaçaient la Bretagne dans la vue de profiter de l'esprit de mécontentement et de sédition, le conseil, sous l'influence de madame de Pompadour, destina le duc d'Aiguillon, cousin du maréchal de Richelieu, pour commander la fière province, toujours un peu rebelle (1), avec plein pouvoir de lever les milices, de convoquer le ban et l'arrière-ban de la noblesse en cas d'invasion de la part des Anglais. Le duc d'Aiguillon, officier de haute distinction, d'une aimable courtoisie et d'une grande fermeté, devait être admirablement propre à réprimer les mouvements séditieux, en même temps que par son courage il pouvait réveiller la noblesse bretonne, brave et ardente, mais malheureusement sous l'action parlementaire de quelques beaux esprits des enquêtes et des requêtes du parlement de Rennes, spécialement d'un avocat général, élégant parleur, du nom de La Chalotais (2). Quand la noblesse bretonne allait loyalement combattre l'ennemi, La Chalotais faisait des jeux de mots, des épigrammes, ou préparait des réquisitoires sur la question oiseuse des sacrements et des prérogatives de sa cour.

Convaincu de la nécessité du plus grand secret dans la guerre, le conseil résolut une expédition hardie et considérable avec destination pour la Méditerranée; il s'agissait de s'emparer de l'île de Mi-

---

(1) Voir mon livre sur le *Maréchal de Richelieu*.
(2) Louis-René de Caradeuc de La Chalotais.

norque, et le commandement de cette expédition fut donné au duc de Richelieu. On a écrit dans les Mémoires du temps que ce fut malgré la marquise de Pompadour, et en opposition avec sa volonté, que le duc de Richelieu eut ce commandement : erreur historique démentie par toute la correspondance intime du maréchal et de la marquise, fière et heureuse de tous les succès des armées de France. Jamais le duc de Richelieu ne fut en dissidence avec la marquise, jusqu'aux pillages de la campagne de Hanovre et à la convention de Closter-Seven, blâmée par madame de Pompadour. Richelieu était trop habile courtisan pour s'éloigner jamais de la marquise, dont la faveur était toujours croissante auprès du Roi ; nul n'appréciait mieux que lui les qualités supérieures et l'esprit de madame de Pompadour (1).

Au Roi personnellement et à l'amitié de la marquise il faut encore attribuer le choix du prince de Soubise pour commander en chef le corps auxiliaire de Français destiné à soutenir l'armée des cercles allemands. Charmant esprit, vaillant soldat, compagnon d'armes du maréchal de Saxe et de Lowendahl, M. de Soubise soulevait quelque jalousie à cause même de l'amitié que lui té-

(1) Voyez mon livre sur le *Maréchal de Richelieu*.

moignaient le Roi et madame de Pompadour (1). A ses côtés et avec le titre de maréchal commandant en chef de l'armée d'Allemagne, était Claude-Louis-César d'Estrées, aussi gracieux que Soubise, celui-là même qui commandait la maison du Roi à Fontenoy. Louis XV venait de l'élever à la dignité de maréchal.

Les colonies d'Amérique qui pouvaient être menacées par les Anglais, et les établissements de l'Inde furent confiés à deux officiers d'un mérite remarquable : le marquis de Montcalm pour gouverner le Canada et le comte de Lally pour l'Inde. On lui adjoignit un esprit d'activité féconde, du nom de Dupleix. Ces choix de mérite et de distinction annonçaient assez combien furent absurdes les calomnies jetées contre la marquise de Pompadour qui, disait-on, avait capricieusement donné des places à la faveur plus qu'au mérite. Il n'était pas un seul de ces officiers-généraux qui ne fût très-distingué : les écrivains parlementaires n'ont loué que le maréchal de Broglie, parce que l'opposition le destinait à un rôle politique, à tenir l'épée du parlement en cas de révolte ; ils n'eurent que railleries et mépris pour les autres généraux distingués par madame de Pompadour.

(1) Charles de Rohan, prince de Soubise ; il avait épousé mademoiselle de Carignan, de naissance souveraine.

Cependant les débuts de la campagne furent magnifiques : le maréchal de Richelieu s'empara de Mahon ; les armées d'Allemagne, sous le maréchal d'Estrées, remportèrent de belles victoires, secondées par les Russes et les Autrichiens. Quand le maréchal de Richelieu remplaça le maréchal d'Estrées dans le Hanovre, les Anglais refoulés jusqu'à *Closter-Seven* mirent bas les armes. La marquise de Pompadour était fière de ces choix, de ces succès, car toute la campagne était heureuse : on avait d'excellentes nouvelles du Canada. Le comte de Lally et Dupleix faisaient merveilles dans l'Inde contre les établissements anglais, et la chevaleresque marquise rêvait une descente en Angleterre et un soulèvement des Écossais en faveur du prince Édouard (1). Le roi Louis XV d'après ses conseils devait se placer lui-même à la tête de ses armées, comme il avait fait en 1745 à Fontenoy. Cette fois le conseil y mit obstacle par les raisons que voici : il fut remarqué que la guerre n'avait pas un caractère tout à fait extérieur : le territoire français pouvait être attaqué par tous les points, spécialement sur les côtes ; il fallait donc que le Roi restât dans un centre d'armée pour se porter du côté du péril, en Normandie, en Breta-

---

(1) Voir mon travail sur *Louis XV*.

gne où paraissaient des flottes anglaises. Puis il ne fallait pas oublier la situation très-agitée des esprits, une révolte qui pouvait éclater. Le conseil fut d'avis que le Roi demeurerait au centre même du mouvement de guerre, à Versailles, à Marly ou à Choisy pour le diriger et le dominer.

Durant cette période, rien de plus animé, de plus coloré que la correspondance de la marquise avec le maréchal de Richelieu, Soubise, Broglie d'Estrées : on la voit glorieuse de tous les succès que remporte l'armée : elle voudrait conserver l'intelligence, l'harmonie entre les chefs. Les premiers différends avec le maréchal de Richelieu viennent de la convention de Closter-Seven : elle ne l'accuse pas d'avoir traité pour de l'argent, ce qui n'eût été ni dans le devoir, ni dans les loyales habitudes du maréchal; mais celui-ci avait trop compté sur la parole de l'ennemi, le duc de Cumberland, en temps de guerre, et cette loyauté avait compromis l'armée du prince de Soubise. Il résulte de la correspondance particulière du maréchal de Richelieu avec Pâris-Duverney (1), que le maréchal se trouvait mêlé à des traités lucratifs de fournitures, à des opérations financières désavouées par la cour et qui expliquent l'espèce de

---

(1) Cette correspondance a été publiée en 1757.

disgrâce qui força le maréchal de Richelieu à chercher retraite dans son gouvernement de Guienne. En cette résidence de Bordeaux, la correspondance avec la marquise s'attiédit. Le roi Louis XV ne mit jamais un Richelieu en disgrâce : il savait trop ce que sa royale famille devait au grand cardinal ; il était persuadé surtout que jamais un Richelieu n'abandonnerait le principe conservateur de l'autorité absolue, cet axiome emprunté au droit romain : Le Roi est le maître dans son royaume.

Ces désordres, ces disgrâces jetaient un peu de confusion dans la marche des affaires, et une certaine absence d'unité se faisait sentir. Cependant, il faut reconnaître que les préparatifs de cette guerre de 1756 qu'on attribue à l'influence de la marquise de Pompadour furent faits avec une grande prévoyance et une immense activité : les forces de terre et de mer furent mises dès l'origine sur un pied formidable : soixante-sept vaisseaux de ligne, quarante-quatre frégates et quatre-vingt mille hommes de mer ; les armées de terre eurent présents aux drapeaux plus de deux cent mille soldats sans compter les milices provinciales. On pourvut à tout par les moyens ordinaires, et malgré l'opposition anti-nationale des parlements. Les rapports de la marquise de Pompadour avec les financiers aidèrent singulièrement le trésor dans ses dépenses. Parmi tous les vieux amis de la marquise il faut distinguer le financier Pâris-Duverney qui fut placé à la tête des fournitures des troupes de la marine et de terre, avec un talent et une supériorité remarquables.

C'était un vieillard déjà, le troisième des quatre frères Pâris qui avaient rendu tant de services lors de la campagne du maréchal de Villars à la fin du règne de Louis XIV (1). Sous le ministère du duc de Bourbon, ami de la marquise de Prie, Pâris-Duverney avait présidé à la marche et au développement de la liquidation du système de Law, opération si difficile. Préoccupée déjà des fournitures de l'armée, après la campagne de 1745, madame de Pompadour le fit appeler au conseil d'État. Esprit d'excellente initiative, une longue expérience des troupes l'avait conduit à la science de stratégie, et sa correspondance avec le maréchal de Richelieu constate une connaissance considérable des détails d'une grande campagne. Le fournisseur Pâris-Duverney pourvut à toutes les ressources de la guerre de 1756, de concert avec les fermiers-généraux (2), au moyen des anticipa-

(1) Voir mon *Louis XIV*.
(2) La liste des principaux financiers était considérable à cette époque, et voici le tableau dressé par le contrôleur :

tions, des avances rendues nécessaires par le refus du concours du parlement. Pâris-Duverney soutint au conseil du Roi que l'impôt était dû dès que les édits étaient promulgués, sans le concours du parlement. Pâris-Duverney devint le financier de la marquise de Pompadour, si capable, si séduisante dans ses idées de gouvernement et d'administration : la marquise était devenue l'intermédiaire, le charmant homme d'affaires du Roi pour toutes les transactions qu'imposait la guerre.

	fortune présumée.
BERGERET, gendre d'un des frères Pâris.	15,000,000
BRISSARD, frère de l'intendant du cardinal de Fleury.	5,000,000
BOURRET, d'abord fournisseur de blé.	30,000,000
BRAGOUSE, enrichi au système de Law.	40,000,000
CAMUSET, protégé des d'Argenson.	10,000,000
CAZE, du Languedoc.	15,000,000
CHEVALIER de Montigny, protégé de Colbert.	8,000,000
GAILLARD de la Rouexerie.	30,000,000
DELAHAYE, fermier-général depuis 1748, propriétaire de l'hôtel Lambert	10,000,000
DELAPORTE, chargé du syndicat des fermes.	15,000,000
DUPIN, il avait épousé une fille de Samuel Bernard.	25,000,000
D'ARNONCOURT, le très-riche.	50,000,000
DE VILLEMUR, protégé de M. de Noailles.	5,000,000
GRIMOD (les deux frères) de la Reynière et Dufort.	40,000,000
HELVÉTIUS, le philosophe.	10,000,000
L'ALLEMENT DE NANTOUILLÉ.	5,000,000
LE RICHE LA POPELINIÈRE.	15,000,000
LENORMAND de Turneheim et d'Étioles (oncle et neveu).	30,000,000
ROLLAND de Souffletière.	15,000,000
SAVALETTE, garde du trésor royal.	10,000,000
THIROUX, fermier des postes.	5,000,000

Les financiers étaient les amis de sa famille : la lignée nombreuse des Lenormand s'était placée à la tête des opérations du trésor. Les fermiers-généraux prenant les emprunts à leur compte, faisaient toutes les anticipations nécessaires à 4 ou 5 p. 0/0 d'intérêts avec la certitude d'une perception d'impôt qui les couvrirait de leurs avances.

XVI

1756-1757.

Au milieu de tous ces services rendus au Roi et à l'État par l'activité et le dévouement de la marquise de Pompadour, un événement sinistre vint un moment arrêter son crédit et ébranler sa toute-puissance. Le 5 janvier 1757 à 4 heures et demie du soir, un homme se précipita sur le Roi, jusqu'au pied du grand escalier de Versailles et d'un mouvement brusque et saccadé, il lui porta un coup de couteau-canif sur le côté gauche. Ni les gardes-du-corps, ni les cent suisses n'avaient pu arrêter ce bras fanatique : le duc d'Ayen, capitaine des gardes, fut pris comme au dépourvu. Le Roi partait pour Trianon afin de visiter, selon son usage, ses filles (madame Victoire était un peu souffrante); à travers les erreurs de sa vie, Louis XV avait gardé un profond respect pour sa famille, une vive amitié pour ses filles surtout.

Le Roi frappé dit avec un grand sang-froid :
« Quelqu'un m'a coudoyé » et portant la main

sous sa veste, il vit le sang sortir d'une blessure faite à son côté gauche. « Je suis blessé, dit le Roi avec un calme admirable, qu'on prenne garde à monsieur le Dauphin. » Ces quelques paroles supposaient dans l'esprit de Louis XV la connaissance, ou la crainte d'un complot qui aurait eu pour but le renversement de l'hérédité monarchique. Le Roi désigna l'assassin avec le même sang-froid : « C'est cet homme qui a fait le coup. » On se précipita sur lui avec fureur; on l'aurait même tué sur place si le Roi n'avait ajouté qu'il serait utile de l'interroger. Une commission de la prévôté du parlement se réunit sur l'heure, et au premier interrogatoire de l'assassin, il déclara se nommer Robert-François Damiens; il nia d'abord toute complicité; interrogé sur le motif de son crime, il répondit « qu'il n'avait pas eu l'intention de tuer le Roi, mais de lui donner un sévère avertissement afin de faire cesser l'opposition du conseil aux arrêts du parlement sur la bulle *Unigenitus* (1). »

C'était sans doute un fanatique que Damiens, expression de l'état des âmes à cette époque agitée; mais ses réponses révélaient le mal immense opéré

---

(1) Voir le curieux recueil intitulé : *Pièces originales et procédure du procès fait à Robert-François Damiens.* Paris, Pierre-Guillaume Simon, 1757, in-4°.

dans les esprits par les luttes du parlement contre l'autorité royale : aussi la commission se hâta-t-elle de clore les interrogatoires de Damiens, ils furent même écrits d'une façon illisible sur quelques points par le greffier. Damiens fut placé sous la garde la plus inflexible, dans la fameuse tour de Montgomery, enlacé dans des chaînes de fer ; les mousquetaires veillaient sur lui, le mousquet armé ; mais les parlementaires seuls l'interrogèrent. L'idée de complot fut entièrement écartée ; il ne resta plus comme cause, que l'agitation fanatique et le triste état des âmes qu'avait produit la fermentation des disputes religieuses et parlementaires. Les idées sont quelquefois comme le feu qui couve et qui brûle.

A la première nouvelle de l'attentat commis contre la personne de Louis XV, la marquise de Pompadour prévenue par le duc de Richelieu, alarmée de l'état du Roi, se serait rendue en toute hâte auprès de Sa Majesté, si elle n'avait appris en même temps que le Roi venait de déléguer ses pouvoirs comme lieutenant-général du royaume à monseigneur le Dauphin. En effet, avec le sentiment extrême de ses devoirs de Roi et des destinées de l'hérédité, Louis XV avait déclaré que comme on ignorait la nature et la gravité de la blessure qu'il avait reçue et les conséquences qu'elle pouvait avoir, il croyait urgent que monseigneur le Dauphin reçût le plein exercice de l'autorité royale; le chancelier prévenu réunit le conseil pour faire reconnaître et sanctionner l'autorité de Monseigneur (1).

C'était tout un changement politique que cet avénement prématuré du Dauphin au trône, et l'on devait s'attendre à une nouvelle direction des affaires. Le crédit de madame de Pompadour était brisé radicalement : monseigneur le Dauphin la détestait dans sa personne et dans ses idées. Il y aurait quelque chose de plus grave que la disgrâce, peut-être l'exil serait son châtiment. Aussi madame la marquise, avec une grande résignation, attendait la lettre de cachet; ce qui l'inquiétait bien moins encore que la santé du Roi auquel elle avait voué une si ardente amitié : elle savait que tout l'édifice élevé par ses mains allait crouler.

Monseigneur le Dauphin était un honnête homme dans toute la puissance du mot, mais aussi un rêveur, un esprit à théorie. Au point de vue des affaires étrangères, il était opposé à la guerre, il croyait à la nécessité d'une paix immédiate, n'importe les conditions, qui aurait permis le soulagement du peuple. Quoiqu'opposé en

---

(1) Voyez mon *Louis XV*.

principe à la toute-puissance des parlements et au jansénisme, il s'était prononcé pour une réforme dans la législation générale. Les parlementaires espéraient tout d'un changement de règne ; appelé à la lieutenance-générale du royaume, M. le Dauphin avait accordé sa confiance absolue à deux ministres du conseil du Roi, MM. d'Argenson et de Machault (1) ; esprits également à système, tous deux espéraient former la base d'une nouvelle administration, et comme premier gage, ils avaient signé l'éloignement de madame la marquise de Pompadour ; ils s'étaient même rendus auprès d'elle pour lui faire connaître la volonté de M. le Dauphin, lieutenant-général du royaume.

C'était une véritable ingratitude de MM. d'Argenson et de Machault pour la marquise, à laquelle ils devaient tout ; minorité la plus avancée du conseil, ils ne pouvaient dire que c'était par respect des anciennes traditions qu'ils sacrifiaient le système de madame de Pompadour, car ils étaient eux-mêmes novateurs ; leur mission auprès de la marquise fut un peu durement remplie : véritable imprudence, car à mesure que le Roi se rassurait

---

(1) MM. de Machault et d'Argenson voulaient imposer les biens du clergé, organiser les pays d'états ; on les appelait des ministres philosophes. (*Correspondance* de Voltaire, 1654-1760.)

sur la gravité de sa blessure, il donnait des témoignages visibles d'un retour empressé auprès de la marquise ; il lui fit même dire qu'elle n'eût point à quitter Versailles, et une de ses premières visites fut pour elle : non point qu'il y eût chez le Roi attrait d'amour, ni entraînement de passion ; il paraît même que depuis l'année précédente (1756) toute espèce de rapports illégitimes avait cessé entre le Roi et la marquise de Pompadour. Celle-ci s'était placée sous la direction spirituelle du père de Sacy, de la compagnie de Jésus (1). Madame la marquise avait fait publiquement ses Pâques à sa paroisse, l'église Saint-Louis de Versailles. On parlait sans doute de la facilité extrême des jésuites sur l'article des sacrements ; toutefois le père de Sacy n'eût jamais consenti à un sacrilége, à donner l'absolution à l'adultère : esprit aimable, mais rigide dans ses devoirs, il n'eût jamais permis qu'un fidèle s'approchât des sacrements sans être dans un complet état de grâce.

Il paraît même que la reine Marie Leczinska en avait la conviction profonde, et que ce ne fut qu'à la suite d'une attestation religieuse du père de Sacy que la reine consentit à accepter la mar-

---

(1) Révérend père de beaucoup d'esprit, qui appartenait à la maison professe.

quise de Pompadour pour dame du palais (1756). Ainsi il n'y eut ni abnégation de la Reine, ni outrage fait à sa dignité dans le choix qui fut fait par le Roi. Madame de Pompadour fut accueillie avec une bonté extrême par la Reine (1) qui lui rappela des souvenirs lointains. La marquise répondit par des paroles respectueuses aux bontés de Sa Majesté : « Croyez bien, madame, que je serai passionnée pour votre service. »

La situation se trouvait dès lors mieux dessinée pour grandir le pouvoir de madame de Pompadour ; elle n'était plus pour le Roi qu'une femme spirituelle, charmante, d'un travail facile, attrayant, qui savait admirablement tenir un salon et négocier une affaire de magistrature ou de finance, sans fatiguer le Roi. La marquise de Pompadour était d'ailleurs l'expression d'un système qui avait pour lui tous les véritables amis du Roi et de la France. Si M. le Dauphin avait succédé à son père par suite de l'attentat de Damiens, ou si seulement il eût gardé la lieutenance-générale durant quelques mois, le conseil se fût décidé à la paix. On aurait multiplié les concessions à l'Europe pour l'obtenir ; ce qui avait fait croire un moment que les menées de l'Angleterre

---

(1) Elle fut présentée à la Reine le 14 février 1756. (*Gazette de France.*)

et de la Prusse, n'étaient pas étrangères à l'attentat commis contre Louis XV.

On avait trouvé beaucoup d'argent dans les poches de Damiens; il avait dit quelques mots sur les chefs des réfugiés. Les gouvernements ennemis se servent souvent et cruellement des haines profondes des partis, des exilés surtout, toujours irrités contre les pouvoirs qui les persécutent ou les surveillent. Il n'est pas étonnant qu'à cette époque de troubles, quelques esprits exaltés pussent rêver un renversement politique par la mort de Louis XV. Jamais les parlementaires n'avaient été plus irrités, plus aigres, plus insensés dans leur résistance. Même après l'attentat contre le Roi, et à travers les phrases les plus respectueuses ils continuaient avec aigreur et développaient leur résistance : douze des conseillers les plus mutins venaient d'être frappés de l'exil par des lettres de cachet (1).

La puissance de madame de Pompadour devenait plus grande. Le Roi lui confia de nouveau la

(1) Le journal de l'avocat Barbier est tout rempli de ces querelles de parlement et du conseil, ce qui était souvent fort insipide. (Voyez de janvier à septembre 1756.) Je ne m'explique pas l'importance qu'on a voulu donner à cette mauvaise chronique. Les exilés furent : le président Dubois, l'abbé Chauvelin, de Saint-Vincent, de Monneville, Héron, Lambert frères, Clément de Feuilles, Freminville, Tubœuf de Latteignant, Norcet, Chavanne, Drouet, Delpeche de Mérainville.

direction des affaires, qu'elle conduisait avec un tact si parfait : le premier des actes de la marquise fut le renvoi du marquis d'Argenson et de M. de Machault. Ce fut moins à cause du petit complot de renversement qu'ils avaient essayé contre son pouvoir, qu'à raison de la tendance générale des affaires qui ne pouvaient rester confiées ni à M. d'Argenson ni à M. de Machault; l'un et l'autre s'étaient liés aux idées et aux volontés de M. le Dauphin, à ses principes de réformations dans l'État, et à la pacification générale et très-prématurée de l'Europe. Ils ne pouvaient franchement entrer dans les nécessités d'impôt et de guerre. Le parlement tenait une si triste attitude d'opposition au moment où il était si besoin de son concours pour donner et voter les ressources de la campagne!

Le Roi garda les sceaux et constitua une sorte d'*interim* pour le département des affaires étrangères; on sentait le besoin de concentrer les questions dans un conseil privé, à ce moment si décisif. Monseigneur le Dauphin et son parti furent de plus en plus éloignés des affaires, et la guerre devint la préoccupation absorbante du conseil. L'influence de madame de Pompadour s'accrut; elle plaça toute sa confiance dans le maréchal de Belle-Isle, qu'elle aimait à cause de la hardiesse de ses vues. Le comte de Saint-Florentin eut le département de Paris, c'est-à-dire, la disposition des lettres de cachet : les deux premières contre-signées Saint-Florentin furent destinées à MM. de Machault et d'Argenson, l'une rédigée en termes affectueux pour M. de Machault, l'autre sévère et impérieuse à M. d'Argenson. La marquise de Pompadour fit confier l'espèce d'intérim des affaires étrangères à M. de Rouillé ; la guerre fut donnée à M. Paulmy (1) avec la supériorité hiérarchique réservée au maréchal de Belle-Isle, qui avait les pleins pouvoirs pour diriger la campagne.

Comme la guerre devait se continuer avec vigueur sous l'impulsion de l'esprit chevaleresque de la marquise, il fut nommé huit nouveaux maréchaux de France : les marquis de Senneterre et de Latour-Maubourg, le comte de Lautrec, les ducs de Biron et de Luxembourg, le comte d'Estrées, milord Clarke, et le duc de Mirepoix. Ces larges nominations indiquaient que l'armée allait prendre de vastes proportions afin de préparer le triomphe des alliances de 1756. Dans cette pensée l'abbé de Bernis fut rappelé de son ambassade de Rome, pour prendre le département des

(1) C'était un d'Argenson.

affaires étrangères. Son avénement devait donner une sanction plus énergique encore à l'alliance. L'abbé de Bernis, doué d'une capacité hors ligne en diplomatie, était l'esprit qui allait le mieux à la situation ; il était tout à la fois le mieux renseigné, le plus aimable des hommes. Frédéric de Prusse l'avait pris en antipathie, et Voltaire qui écrivait sous sa dictée contre la France avait raillé l'abbé de Bernis en l'appelant *Babet la bouquetière*. Le roi de Prusse qui faisait des vers français moitié tudesques, avait dit du secrétaire d'État des affaires étrangères :

Évitez de Bernis la stérile abondance.

C'est que cette stérile abondance avait deviné les projets aventureux et turbulents de Frédéric en Allemagne. Au moyen de ces promotions, tout le conseil demeura sous la prépondérance de madame de Pompadour. Elle avait d'abord négocié avec ceux des parlementaires qui avaient consenti à la soumission ; cette fraction du parlement fut honorée et respectée. Mais la partie brouillonne et récalcitrante fut maintenue dans l'exil.

Jusqu'ici on avait été dans le doute sur les conséquences des démissions données par les magistrats. Le conseil décida que les démissionnaires ayant volontairement renoncé à leur charge seraient considérés désormais comme étrangers à la magistrature. Il ne restait plus que le remboursement de la finance, qui seule pouvait rendre la démission définitive. La marquise de Pompadour se hâta de négocier auprès des financiers le remboursement intégral des charges, et elle obtint les fonds nécessaires. Il fut donc déclaré aux présidents, conseillers démissionnaires, que la caisse de service était prête à les rembourser; en cas de refus, le dépôt serait fait devant notaire, et si, dans trois mois, les démissionnaires n'avaient pas quittancé, l'argent serait appliqué en œuvres pies. Ainsi, madame de Pompadour avait résolu une des plus délicates difficultés entre la couronne et le parlement. Le Roi acceptait les démissions données et remboursait les charges. Les brouillons ne faisaient plus partie du parlement.

XVII

1757-1759.

Ce fut l'époque des plus vifs et des plus ardents pamphlets jetés contre la marquise de Pompadour et qui ont servi de documents habituels pour retracer sa vie. Ces pamphlets furent écrits en Angleterre, en Hollande, en Prusse (1), et cet acharnement s'explique par l'attitude prise par la marquise elle-même, dans cette question de la guerre générale. N'était-ce pas madame de Pompadour qui avait donné l'impulsion et la vie à l'esprit gentilhomme, glorieux sur tant de champs de bataille? Les écrivains réfugiés s'acharnèrent contre la marquise, ils avaient au cœur tant de haines! ils obéissaient en cela aux insinuations de Frédéric II, le plus implacable des ennemis de l'alliance de 1756. Aussi les admirateurs de madame de

---

(1). *Vie de la marquise de Pompadour*, 2 vol. in-16, Londres 1757, en anglais, traduit par Laplace. L'original était au pouvoir de M. de Marigny.

Pompadour la vengeaient-ils de Frédéric II par de dures épigrammes (1) :

> Le monstre profana mille talents divers ;
> Les humains l'admiraient, ils furent ses victimes.
> Barbare en action, philosophe en vers,
> Il chanta les vertus et commit tous les crimes.
> Ennemi de Vénus, cher au dieu des combats,
> De larmes et de sang son âme fut nourrie ;
> Cent mille hommes par lui reçurent le trépas,
> Et pas un n'en reçut la vie.

Jamais le grand Frédéric n'avait été reproduit avec plus de ressemblance.

La vive opposition qui s'élevait contre la marquise de Pompadour indiquait assez qu'elle résumait en elle-même la pensée et la main du pouvoir. Les ministres secrétaires d'État avaient reconnu la nécessité de lui soumettre préalablement toutes les affaires avant de les porter au conseil du Roi. La supériorité de la marquise était dans une admirable clarté d'esprit, un art parfait de résumer les affaires ; ce qui convenait au Roi. Jamais le pédantisme des formes n'est nécessaire à l'examen droit et sérieux des grandes questions de politique. Le charme ne nuit jamais.

Il s'agissait d'un grand coup de guerre et du concours de toutes les forces du pays vers un but

---

(1) Ces vers sont de Crébillon. C'est mal à propos qu'on les attribue à Turgot, qui fit peu de vers dans sa vie.

unique : il fallait avoir des instruments dociles dans la main. On a déjà dit que durant la courte lieutenance-générale de monseigneur le Dauphin, le parti de la paix avait grandi et se croyait près d'un triomphe. Le roi de Prusse avait quelques partisans dans le conseil, et l'alliance autrichienne aurait été sacrifiée ou au moins atténuée. Telle n'était pas la pensée du Roi et de ses plus fermes conseillers. L'Autriche s'était jetée dans la guerre; des généraux d'un génie supérieur s'étaient révélés, le maréchal Dawn spécialement, avait battu le roi de Prusse (1); les Russes et les Suédois arrivaient à marches forcées : jamais occasion plus belle pour arracher tout à fait le continent à la suprématie anglaise. Dans ces circonstances capitales il fut décidé que loin d'abandonner ou d'atténuer l'alliance austro-russe on lui donnerait un développement considérable avec la perspective d'une indemnité qui consisterait en la réunion à la France, des Pays-Bas sur les frontières nord et de la rive gauche du Rhin à l'est.

Dans ces fermes idées, il fallait marcher avec énergie et netteté. La marquise aimait l'abbé de Bernis, nouveau secrétaire d'État des affaires étrangères ; mais Bernis trop faible encore, trop

(1) Le maréchal comte de Dawn était né à Vienne en 1705.

timide pour entrer en plein dans les voies d'une guerre européenne, il ne convenait donc plus à la situation vigoureuse du conseil. La marquise qui ne l'abandonnait pas, sollicita pour lui à Rome la robe rouge du cardinalat; il reçut la barrette des mains de Louis XV, avec deux riches abbayes en échange du portefeuille des affaires étrangères (10 novembre 1758) (1).

Le Roi confia ce département au duc de Choiseul, dont j'ai parlé déjà, adversaire de la politique anglaise, principal signataire des traités d'alliance avec l'Autriche, et très-décidé à faire triompher les principes et les intérêts de cette alliance; caractère ferme, vaniteux et têtu, mais parfaitement d'accord avec la marquise sur les questions de la politique extérieure. Le duc de Choiseul se réserva de désigner le secrétaire d'État du département de la guerre, et laissa la haute direction de ce département au maréchal de Belle-Isle, qui en connaissait toutes les ressources. Le duc de Choiseul se mit parfaitement d'accord avec la marquise de Pompadour sur ce point capital, que la guerre une fois commencée devait aboutir à son résultat définitif d'influence, de conquête et de réunion de

(1) La *Gazette de France*, 11 novembre 1758, donne des raisons de santé pour motif à la démission de l'abbé de Bernis qui n'avait que 45 ans.

territoire. Nul sacrifice ne devait coûter. La plus grande difficulté de la situation était dans les finances ; et ici se déployèrent les facultés éminentes et toute la science pratique de la marquise de Pompadour. Elle choisit pour le ministère un esprit fin, habile, décidé aux mesures hardies, Étienne de Silhouette, qui appartenait tout à la fois aux fermes-générales (1) et aux intendances. Dans des conférences pleines de charme, de verve et d'esprit, la marquise détermina l'acceptation de M. de Silhouette, qui d'abord avait refusé par une lettre fort respectueuse adressée au Roi. Madame de Pompadour connaissait depuis longtemps M. de Silhouette, son esprit, sa capacité. Avec lui elle concerta le nouveau plan financier. On devait partir de ce fait : la résistance des parlements, car leur opposition avait grandi ; plus que jamais ils se montraient dessinés contre la guerre et la prérogative du Roi, en matière d'impôts. Il fallait donc trouver dans le concours des financiers les ressources suffisantes pour parer à la situation.

Le plan de finances concerté entre M. de Silhouette et madame de Pompadour se résumait par les résultats suivants : 1° maintien du bail des

(1) Voyez mon livre sur les *Fermiers-Généraux*.

fermes qui avait encore trois ans de durée, mais abolition des croupiers souvent imposés par les exigences de la cour ; 2° partage des bénéfices des fermes-générales, après le prélèvement de tous frais, de tout intérêt (bénéfices qu'on évaluait à environ 4 millions). Capitalisant ensuite ce revenu de 4 millions, le contrôleur général créait 70,000 actions de 1,000 francs chacune, qui auraient droit à la fois à un intérêt de 5 p. 0/0 et au partage des bénéfices de la ferme, ce qui créait un capital immédiat d'emprunt de 70 millions destinés aux frais de la guerre (1).

Il fut également décidé que toutes les exemptions de taille au profit de gens de cour, gentilshommes, ou autres privilégiés, seraient suspendues pendant dix ans. Il serait fait en conséquence un état exact de toutes les terres du royaume pour établir un impôt égal : l'idée capitale et dominante de la marquise de Pompadour et des fermiers-généraux.

Ce plan de finance largement conçu devait trouver son principal obstacle dans le parlement composé de riches discoureurs, avares de leur huche et qui repoussaient tout impôt sur leurs terres privilégiées, même au milieu des périls de la

---

(1) On réalisait immédiatement le capital par l'émission de billets de confiance. — Voyez mon histoire des *Grandes opérations financières*.

guerre. Rien n'était comparable au caractère égoïste des parlements qui s'agitaient en de vaines oppositions, lorsque les Anglais débarquaient en Bretagne et en Normandie. M. de Silhouette recourut ensuite à un système d'emprunt auquel seraient spécialement affectés les revenus de nouveaux impôts sur le cuir, le papier, les mousselines, les indiennes, revenus absorbés, dépopularisés avant que les édits fussent publiés, par la constante opposition des parlements.

Il se fit des emprunts en rente viagère (1) sur l'Hôtel-de-Ville avec une destination spéciale, celle des armements de bateaux plats pour opérer une descente en Angleterre. Madame de Pompadour avait appuyé le projet hardi de M. de Belle-Isle : dix-sept cents petites canonnières devaient porter en Angleterre une armée de débarquement de soixante mille hommes; on essaya même à Choisy des canons qui tiraient sept coups par minute, afin d'étonner la flotte anglaise et de foudroyer ses côtes. Mais l'argent manquait toujours, et les parlements continuaient leur opposition, à ce point qu'il fallut qu'un édit de surséance vînt déclarer la suspension des billets de caisse et de fermes en numéraire pendant un an; on payerait jusque-là aux

(1) La rente viagère est un amortissement facile, naturel pour l'État. (Rapport de Silhouette au conseil.)

porteurs un intérêt de 5 p. 0/0. La crise ne porta que sur les hauts financiers qui consentirent eux-mêmes à cette transformation de la dette (1).

Pour parer aux nécessités d'une guerre nationale, madame de Pompadour inspira une généreuse résolution au Roi, et en donna elle-même l'exemple. Ce fut d'envoyer toute sa vaisselle d'or et d'argent à la Monnaie, comme cela s'était fait sous Louis XIV, dans les périls de la monarchie. Louis XV renouvelait cet exemple, car il fallait tenter un suprême effort. L'édit n'en faisait pas une obligation (2), nul n'était tenu de porter sa vaisselle plate à la Monnaie, mais le Roi y invitait tous ses sujets; en échange on recevait des billets de monnaie hypothéqués sur les fermes; les objets d'art précieux étaient exceptés de la fonte. Il se fit un mouvement fort généreux dans tout le royaume; il s'agissait d'une guerre nationale contre les Anglais, et les gentilshommes, les bourgeois même agirent avec un noble désintéressement (3).

Cette fonte de vaisselle d'or et d'argent, madame de Pompadour, avec un tact merveilleux, la rendit très-favorable à l'art en donnant un grand prix à des objets de fantaisie, porcelaines, faïences,

(1) Édit du 10 octobre 1759.
(2) Édit du 9 novembre 1759.
(3) Voyez mon travail sur *Louis XV*.

cristaux, dentelles, pierres précieuses ; avec cet esprit séduisant si naturel à ses causeries, la marquise soutint que rien n'était plus ladre, moins élégant que la possession des objets d'or et d'argent qui ne s'usaient pas ; que la véritable élégance était dans l'art et jamais dans la matière ; qu'une belle porcelaine, une étoffe merveilleusement travaillée, un tableau de maître, un produit de l'imagination (1) étaient plus précieux que l'or et l'argent. C'est de cette époque de pénurie (1759-1762) que datent les hautes fantaisies des salons qui ont retenu le nom de madame de Pompadour : la richesse des trumeaux, paravents et meubles incrustés, dessus de portes, tapisseries. On mit plus de prix à une œuvre de Watteau, de Boucher, de Miéris, qu'à des buffets pleins d'argenterie et à des plats d'or et de vermeil. Louis XV donna l'exemple de ce bon goût, toute la cour alla s'approvisionner de porcelaine à la manufacture de Sèvres, on acheta des fantaisies, vases en porphyre et en marbre. La marquise se mit résolument à la tête de cette révolution artistique qui créa les merveilles et le goût du xviii⁰ siècle (2).

(1) Madame de Pompadour, le maréchal de Belle-Isle, et le duc de Choiseul envoyèrent pour 600,000 livres de vaisselle.
(2) C'est à madame de Pompadour que l'on doit également la petite poste de Paris, au prix de 10 centimes. (Édit de novembre 1759.)

XVIII

1758-1760.

La situation délicate, difficile, dans laquelle une guerre longue, sanglante, toute pleine de sacrifices plaçait la marquise de Pompadour, ne lui laissait pas toute liberté de sympathie et d'affection. Et par la force des choses, elle devait chercher la popularité à tout prix pour se créer une certaine force d'opinion. Toute jeune fille déjà, dans les salons financiers de M. Lenormand d'Étioles, elle s'était fort liée avec le parti philosophique. Il n'y avait pas souci parmi les gens de finance sur les graves questions de la vie et de la conscience religieuse; Helvétius en était l'exemple et le modèle; cette génération de finance passait de la spéculation et des emprunts aux plaisirs faciles, à la petite maison, à l'Opéra. On vivait et on mourait entre les billets de caisse et la couronne de roses d'une danseuse. Madame de Pompadour, depuis rattachée à l'Église par le père de Sacy, n'avait pourtant point oublié cette éducation première, et elle fut donc naturellement entraînée vers la protection de ces doctrines philosophiques qui devaient perdre la monarchie et compromettre même la société.

Dans le beau pastel de la marquise de Pompadour par Latour, encore aujourd'hui au Louvre (1), on remarque sur la console (joli meuble qui sert d'ornement au salon), un gros volume avec ce titre l'*Encyclopédie*. Latour qui appartenait au parti philosophique plaçait parmi les titres de gloire de la marquise, la protection qu'elle avait accordée à l'*Encyclopédie* (2), fastidieux et médiocre recueil prôné, loué par tout un siècle qui comme toutes les époques matérialistes prétendait à l'universalité et à la perfectibilité absolue. Ce fut une des grandes fautes de madame de Pompadour que cet encouragement donné à toute une coterie qui ébranlait si profondément le principe d'autorité. A ce point de vue, le duc de Choiseul et la marquise de Pompadour méritèrent de justes reproches ; le besoin de popularité, leur éducation première, les oublis de la morale et des lois éternelles de Dieu les entraînèrent vers le parti philosophique.

Trois hommes s'étaient rencontrés, mus par la

(1) Il est beaucoup préférable au portrait peint par Boucher, qui est à Versailles.
(2) Le projet de l'Encyclopédie remonte à 1758.

même idée, entraînés par le même sentiment : la haine de la révélation chrétienne : Voltaire, Diderot, Dalembert. Voltaire, éminemment spirituel et railleur ; Dalembert, froid, haineux, réservé à cause de ses positions et de ses places ; Diderot, esprit dépravé, aux ignobles pensées. Au-dessus d'eux tous, Frédéric, roi de Prusse, cherchant la force et l'excuse de son despotisme et de son ambition militaire dans les applaudissements des écrivains philosophiques. Dalembert et Diderot surtout conçurent le projet d'un dictionnaire « qui devait être le trésor le plus complet de toutes les connaissances humaines : religion, philosophie, histoire, géographie, commerce, objets d'art et de science, poésie, éloquence, grammaire ; on appellerait dans ce but tous les hommes choisis parmi ceux dont la France s'enorgueillissait dans toutes les branches de la science (1). »

Tel était le but avoué de l'*Encyclopédie* ; l'objet secret était de grouper autour de cette idée une coterie habile, serrée dans ses rangs, qui dut s'emparer de tous les organes de la publicité et cacher sous de souples précautions, un projet de renversement de toute religion révélée, de toute autorité reconnue : « Qui ne sait que dans ce mau-

---

(1) Préface de l'*Encyclopédie*.

dit pays où nous écrivons, ces sortes de phrases sont du style de notaire et ne servent que de passeport aux vérités qu'on veut établir ; personne au moins n'y est trompé... Le genre humain n'est au fond si éclairé que parce qu'on a eu la précaution de ne l'éclairer que peu à peu (1). »

Ainsi s'exprimait Dalembert, dans sa correspondance avec Voltaire, qui lui répond : « Soyez en paix pendant la guerre des parlements et des évêques, les philosophes auront beau jeu. Vous aurez le loisir de farcir l'Encyclopédie de toutes les vérités qu'on n'aurait pas pu dire il y a vingt ans ; je voudrais un bon livre qui écrasât l'*Infâme* à tout jamais (2). »

Tel fut l'esprit de ce nouveau dictionnaire, qui porta le nom ambitieux d'Encyclopédie ; il ne pouvait être publié, selon la législation d'alors, qu'avec un privilége, et la marquise de Pompadour malheureusement contribua plus que toute autre à le faire obtenir du Roi. Il transpirait chez la marquise un tel amour des arts, des lettres, qu'elle oubliait le but et le dessein des encyclopédistes, pour ne plus penser qu'à la gloire attachée

---

(1) Lettre de Dalembert (15 novembre 1756).
(2) On sait que par ce mot d'argot philosophique on désignait la religion chrétienne parmi les adeptes. (Lettre de Voltaire, 1759.)

à une grande œuvre. « Engagez tous les frères à poursuivre l'*Infâme* de vive voix et partout, sans lui donner un moment de relâche... » (écrivait Voltaire). « Ce qu'on appelle esprit ou âme, ajoute Helvétius, n'a pas plus de réalité que les fantômes, les chimères, les sphinx. On a tort de faire de l'âme un être spirituel. Rien ne serait plus absurde qu'une telle âme ; elle n'est pas distincte du corps (1). »

Ainsi parlait Helvétius, fermier-général, fort lié avec la marquise, dans son livre de l'*Esprit*. Le manuscrit remis par la marquise au duc de Choiseul fut confié à un censeur, M. Tercier, premier commis des affaires étrangères, facile dans la vie et dans les opinions ; Tercier lut le manuscrit comme censeur, et avec beaucoup de légèreté l'approuva. Quand le livre parut, il produisit une impression vive et profonde, car on y trouvait des phrases étranges : « L'immortalité de l'âme n'est qu'un dogme barbare, funeste, contraire à toute législation... La vertu, la probité par rapport au particulier, n'est que l'habitude des actions personnellement utiles. Les remords ne sont que la prévoyance des peines physiques auxquelles le crime nous expose. Si bien qu'un homme au-des-

---

(1) *De l'esprit de l'homme*, nos 4 et 5.

sus des lois commettrait sans repentir l'action malhonnête qui lui serait utile. — La pudeur n'est qu'une invention de la volupté raffinée. La crainte de Dieu, loin d'être le commencement de la sagesse, est plutôt le commencement de la folie (1). »

Voilà ce que la facile indulgence de la marquise de Pompadour laissait imprimer, et ce que le censeur M. Tercier autorisait avec privilége, et cela sans s'en douter, par un mouvement simple et naturel de son esprit. Il est des temps si assouplis, tellement façonnés aux idées, que les doctrines les plus étranges ne produisent aucune répugnance, aucune surprise ; elles sont accueillies comme une chose simple, connue, ordinaire, qui ne peut ni arrêter, ni troubler les contemporains.

Le parlement néanmoins se montra inquiet, alarmé ; il y avait ce beau côté de la magistrature, que si elle était maussade, résistante à l'autorité royale, elle restait toujours fort dessinée contre les mauvais écrits qui ébranlaient la religion et la société. Il y eut donc un bel et noble arrêt du parlement de Paris, conçu en ces termes : « La cour, vu le livre de l'*Esprit*, 1758, l'*Encyclopédie* ou Dictionnaire des sciences, en sept volumes, la

---

(1) Hélvétius, *De l'esprit de l'homme*, n° 2 à 5.

Philosophie du bon sens, le *Pyrrhonisme du sage*, la *Religion naturelle*, *Lettres semi-philosophiques*, les *Étrennes des esprits forts*, *Lettres au père Berthe sur le matérialisme*, ordonne que tous ces livres seront lacérés et brûlés par les mains de l'exécuteur des hautes justices. Fait défense à toute personne de composer, approuver, imprimer, distribuer aucun livre contraire à la religion, l'État et les bonnes mœurs; à peine d'être puni selon la rigueur des ordonnances (1). »

Cet arrêt d'une admirable fermeté proscrivait justement les livres subversifs de tout état politique, de toute autorité morale, de toute religion établie. Le parlement confiait au bourreau le châtiment et les flétrissures; jurisprudence équitable, car il y avait une immense complicité entre les mauvais écrits et les mauvaises actions : les livres ont fait plus de mal à la société que les hommes; le grand crime des écrivains du xviiie siècle, ce fut d'enlever la croyance au cœur de l'homme, de semer l'esprit de doute, d'arracher à la foi, la génération nouvelle, de la priver de cette religion qui donne une solution élevée au grand problème de la vie future. Malédictions pour ceux

(1) Novembre 1764.

qui ont jeté l'humanité dans ces doutes et ces épuisements !

Le parlement agissait avec cette juste sévérité en dehors de madame de Pompadour et du duc de Choiseul, et peut-être un peu contre l'indulgente protection que tous deux accordaient au parti encyclopédique. Dans cette grande mesure, il n'osa point également proscrire l'*Esprit des lois*, que le peintre Latour avait placé à côté de l'Encyclopédie dans le portrait de madame de Pompadour fort liée avec le président de Montesquieu.

Montesquieu, l'homme le moins grave du monde, s'était introduit dans le salon de madame d'Étioles par la popularité de ses *Lettres persanes* et son petit poëme érotique du *Temple de Gnide*. Il plaçait sous la protection de la marquise l'*Esprit des lois*, spirituellement raillé par les journalistes de Trévoux, qui avaient constaté 167 citations fausses ou tronquées (1). C'étaient des critiques très-érudits que ces journalistes de Trévoux, et Montesquieu fort au désespoir s'adressa au duc de Choiseul et à madame de Pompadour pour leur demander leur protection contre cette polémique de savants qui démolissait son œuvre. Le duc de Choiseul et madame de Pompadour

(1) Années 1761 à 1765.

répondirent aux vœux du président de Montesquieu : ils firent défense de continuer la critique contre l'*Esprit des lois,* tant était grande la protection accordée au parti encyclopédique!

Il était triste de voir un président de chambre au parlement de Bordeaux, quand le parlement de Paris proscrivait l'*Encyclopédie,* écrire à Dalembert une lettre pleine de plats éloges : « Quant à mon introduction dans l'*Encyclopédie,* c'est un beau palais dans lequel je serais fort glorieux de mettre le pied, mais pour les deux articles *Démocratie* et *Despotisme* je ne voudrais pas prendre ceux-ci ; j'ai tiré de mon cerveau tout ce que je pouvais. L'esprit que j'ai est un moule, on n'en tire jamais que le même portrait. Ainsi je ne vous dirais que ce que j'ai dit, et peut-être plus mal que je ne l'ai dit. Ainsi, si vous voulez de moi, laissez à mon esprit le choix de quelques articles, et si vous le voulez ce choix sera fait chez madame du Deffant avec du marasquin (1). »

Le président de Montesquieu glorifiait cette œuvre de l'Encyclopédie que le parlement venait de condamner et de flétrir, tandis que la marquise de Pompadour elle-même et le duc de Choiseul s'honoraient de prêter un appui secret

---

(1) Collection des lettres du président de Montequieu, 1757.

au parti philosophique. Le côté le plus odieux de cet appui, c'était d'empêcher toute critique indépendante, tout examen sérieux ou railleur des œuvres philosophiques.

Aucun esprit plus absolu, plus exclusif que Voltaire et Dalembert, Helvétius, Diderot, d'Holbach ; ils ne souffraient pas la critique. Partant de cette idée qu'ils appartenaient à une nature supérieure, ils traitaient de Welches, d'ignares, de coquins, tous ceux qui n'étaient pas agenouillés devant leurs opinions subversives : de là toutes ces fureurs contre les journalistes de Trévoux, contre Fréron et Dom Calmet. Cette épilepsie n'éclatait pas seulement dans leurs œuvres, dans leurs épigrammes et leurs grossièretés, mais ils avaient recours encore à madame de Pompadour, au duc de Choiseul pour obtenir des lettres de cachet contre les critiques, ou bien encore pour faire interdire leur feuille. On vit cette étrange chose qui se produit souvent : un pouvoir assez peu soigneux de sa propre existence pour protéger ses ennemis et proscrire ses amis. Les écrivains qui défendaient la religion, le trône, le principe d'autorité, étaient mis au fort l'Évêque, interdits dans leurs œuvres, tandis que la marquise de Pompadour et le duc de Choiseul ne juraient que par Voltaire, Dalembert et Diderot.

Aussi la bande encyclopédique comptait-elle la marquise de Pompadour et le premier ministre parmi leurs adeptes : « Ne craignez pas que le duc de Choiseul vous barre; il se fera un mérite de vous servir (1)... Nous avions été trop alarmés de certaines terreurs, puisque jamais crainte ne fut plus mal fondée. Monsieur le duc de Choiseul et la marquise de Pompadour nous connaissent; on peut tout essayer sans risques (2). » Voltaire faisait ici allusion à la correspondance des encyclopédistes qui était envoyée sous le couvert du département des affaires étrangères par la protection de la marquise de Pompadour. Voltaire s'écriait dans son enthousiasme : « Vive le ministère de monsieur le duc de Choiseul ! »

(1) Lettre 68, 1760
(2) 13 août 1760.

XIX

1758-1760.

Il fallait que la marquise de Pompadour eût conquis une grande puissance sur le Roi pour atténuer chez ce prince sa profonde répugnance à l'égard de tous ces philosophes, de ces déclamateurs encyclopédistes. La marquise, en effet, était alors arrivée à l'apogée de son crédit : tout le travail politique se faisait dans son cabinet : les secrétaires d'État venaient lui soumettre les affaires, le conseil même s'y tenait quelquefois. Madame de Pompadour recevait assise dans sa chaise-longue et ne se levait pour personne, pas même pour les princes du sang, sous prétexte souvent qu'elle était souffrante ; elle ne rendait aucune visite, même aux duchesses titrées, et dans un noël de cour on fit allusion à ces prérogatives de madame de Pompadour.

> De Jésus la naissance
> Fit grand bruit à la cour ;
> Louis en diligence
> Fut trouver Pompadour.

Allons voir cet enfant, lui dit-il, ma mignonne.
Non, dit la marquise au Roi,
Qu'on l'apporte chez moi,
Je ne vais voir personne (1).

Cette puissance, madame de Pompadour l'avait acquise par ce tact infini qui lui faisait abréger les questions, pour les soumettre au Roi d'une façon attrayante sans fatiguer l'esprit. Louis XV, éminemment spirituel, se décidait souvent par ses sympathies et ses antipathies. Madame de Pompadour savait les saisir, et sa puissance venait surtout de ce qu'elle intervenait pour atténuer ce que ses sentiments personnels avaient de trop vif, de trop tranché. La vie intime du roi Louis XV chez la marquise de Pompadour nous a été révélée par le témoignage le plus simple, le plus discret, par le récit naïf et presque incorrect de ma d'Hausset, la première femme de chambre de madame la marquise. Il ne faut pas prendre ce titre de femme de chambre dans sa signification purement domestique. Le crédit auquel s'était élevée madame de Pompadour, les honneurs de cour justifiaient le service des familles titrées auprès de la marquise. Ainsi le prince d'Hénin, de la race des Croï d'Havré était son chevalier d'honneur,

(1) Recueil Maurepas, année 1764.

comme auprès d'une princesse du sang royal, et portait son éventail, son livre d'heures auprès de sa chaise à l'église (1).

Madame d'Hausset, de famille noble, put donc accepter le titre et la fonction de première femme de la marquise. Toujours honorée de la confiance la plus intime de la marquise, elle a écrit ses sensations jour par jour. Le Roi et Madame parlaient haut devant elle; ils ne se gênaient pas plus, selon ses expressions, « que si elle avait été un chien ou un chat couché sur les chenets. » Quelquefois seulement, quand il s'agissait de secret d'État, le Roi, la marquise et les ministres passaient dans un cabinet particulier dont les portes étaient fermées à clef.

Louis XV, selon madame d'Hausset, était d'une incontestable beauté que relevait un sourire charmant. Il parlait avec une extrême politesse à tous, et généralement d'une façon triste et ennuyée : madame de Pompadour ne respirait que pour le distraire, l'amuser, et le Roi lui disait sans cesse (il faut s'en rapporter aux femmes dans ces sortes d'appréciations) : « Que vous êtes bonne,

---

(1) *Journal d'une femme de chambre de la marquise de Pompadour*, publié pour la première fois par M. Crawfort. Le manuscrit venait de M. Senac de Meilhan, ami du marquis de Marigny.

excellente! » et à ces paroles répétées, la marquise répondait en portant sa main sur le cœur du prince : « C'est à cela que je veux parler. » Il n'était sorte de commissions dont elle ne se chargeât volontiers, avec une grâce parfaite, et l'histoire scandaleuse, celle qui s'écrivait avec la haine et les passions des réfugiés, raconte une chose honteuse (1) que les écrivains sérieux ont ensuite répétée, c'est que la faveur de la marquise de Pompadour tenait surtout aux complaisances extrêmes qu'elle avait pour les amours sensuelles du Roi, et pour nous servir de l'ignoble expression même des historiens qui se disent graves, elle fut la pourvoyeuse du *Parc aux Cerfs*, quand la satiété vint énerver le cœur de Louis XV. Les aventures du *Parc aux Cerfs* se sont multipliées et agrandies sous la plume des romanciers, des pamphlétaires anglais, hollandais, aidés par les révélations haineuses des réfugiés protestants. Cette légende a été depuis acceptée, je le répète, par les historiens du

(1) Il est curieux et triste de voir dans quelle source impure ont puisé les biographes de la marquise de Pompadour ; la première source est un pamphlet intitulé : *Vie de la marquise de Pompadour*, écrite en français en Angleterre, par une religieuse qui avait épousé un officier prussien, mademoiselle Fauque (comme le dit l'impartial et savant Barbier). Cette histoire fut traduite en anglais. La seconde est l'histoire de la marquise de Pompadour, imprimée aux dépens du réfugié le sieur Hoper. La Haye, 1759, deux petits in-18 et in-16.

XVIIIᵉ siècle, à peu près comme celle du balcon du Louvre, d'où Charles IX tirait des arquebusades après la journée de la Saint-Barthélemy, et qui n'existait pas à cette époque (1).

L'auteur du présent livre a dû rechercher avec sa patience d'érudition ordinaire, ce qu'il pouvait y avoir de vrai et de faux dans cette tradition scandaleuse. Il va donner le résultat de cette enquête : Existait-il d'abord, un Parc aux Cerfs, avec la honteuse destination qu'on lui donne ?

Le nom de *Parc aux Cerfs* n'était pas spécial au XVIIIᵉ siècle et créé tout exprès pour Versailles ; dans chaque forêt royale il y avait un parc aux cerfs, comme il y avait la garenne, le chenil, la faisanderie ; à Versailles, le Parc aux Cerfs était situé du côté de Satory, au delà de l'Orangerie, ainsi qu'il est tracé sur un plan authentique de Versailles au XVIIᵉ siècle (2).

Les Mémoires qui le placent du côté du Petit Trianon se trompent sur la topographie du jardin. Madame de Pompadour avait, en effet, une élégante habitation dans cette partie du parc de Versailles, qu'elle vendit au Roi ; elle avait en outre son hôtel, des réservoirs ; mais il n'y eut jamais d'autre Parc aux Cerfs à Versailles que cette belle

(1) Voyez mon *Histoire de la Réforme et de la Ligue*.
(2) Collection des gravures (Bibliothèque Impériale).

et vaste plaine qui s'étendait de l'Orangerie jusqu'au pied du bois de Satory, sur la route de Versailles à Sceaux.

Or, il résulte des archives de la ville de Versailles, que le terrain appelé le *Parc aux Cerfs*, fut détaché du parc général de Versailles, et vendu pour bâtir, par des actes de 1725 à 1735, c'est-à-dire, bien antérieurement aux scandaleuses aventures qui, dit-on, se passèrent dans le Parc aux Cerfs. Les terrains ont depuis formé les rues Saint-Antoine, Saint-Médéric, d'Anjou-Royale, Saint-Louis, le Marché-Neuf, à Versailles. J'ai parcouru ces rues vastes et solitaires, pour rechercher les traces du Parc aux Cerfs, il n'en n'existe plus aucune : de vieux hôtels, de grands jardins forment tout un quartier qui fait partie de la cité depuis le milieu du xviiie siècle.

Que devient la légende des scandales royaux du Parc aux Cerfs depuis 1749 jusqu'en 1770? A cette époque il n'existait plus de Parc aux Cerfs, et les terrains avaient été vendus et dépecés pour former un quartier nouveau.

Aussi l'érudit bibliothécaire de Versailles, qui ne s'est pas épargné les jugements étroits et passionnés sur Louis XV, est-il obligé d'avouer qu'il n'en existe ni preuves, ni traces. Il pense avoir trouvé pourtant dans une petite maison de la rue Saint-

Médéric, le fameux Parc aux Cerfs des chroniques scandaleuses (1). J'ai visité les vestiges, les jardins; nulle trace, nul souvenir. J'ai consulté cette génération de vieillards aux nobles têtes qui, la croix de Saint-Louis sur la poitrine, ont écouté les légendes de leurs pères, génération belle encore à Versailles, et qui disparaît chaque jour sous la faux du temps; nul renseignement. Les histoires, les Guides ont quelques phrases stéréotypées sur les scandales du Parc aux Cerfs : « cette maison de la rue Saint-Médéric, dit le bibliothécaire, fut vendue par le roi Louis XV quarante mille livres au sieur Sevin, premier commis de la guerre, et le Roi en toucha le prix en or dans son cabinet. » Voilà une preuve ! D'abord cette maison s'appelait-elle le Parc aux Cerfs ? l'acte ne le dit pas ! Est-ce parce que le Roi en reçut le prix en or et en particulier ? mais l'érudit bibliothécaire a trop bien étudié Louis XV, pour ignorer que telle était l'habitude du Roi, de traiter, de vendre par lui-même comme l'aurait fait un simple bourgeois de Paris. Il existe plus de vingt actes de ventes et d'achats, faits au nom personnel de Louis XV, et l'on ne peut rien en conclure de particulier pour l'exis-

---

(1) Cette citation a été répétée dans tous les *Guides* de Versailles, avec les plus odieuses épithètes contre Louis XV et madame de Pompadour.

tence d'un Parc aux Cerfs, destiné à d'ignobles plaisirs. Qu'on ne s'imagine pas que l'histoire complaisante doive cacher les passions secrètes et les vices élégants de Louis XV ; le Roi eut des maîtresses publiques, selon les mœurs de ce hardi xviiie siècle, qui fut justement châtié par la Révolution française, mais l'histoire d'un Parc aux Cerfs, toléré, favorisé par la marquise de Pompadour, fut une de ces inventions des pamphlétaires vendus aux ennemis de la France, de ces réfugiés en Hollande, en Angleterre, en Prusse, qui se plaisaient à dénigrer leur patrie, à publier des livres aux gravures obscènes (1). Les écrivains qui ont voulu détruire les derniers prestiges de la royauté, ont accepté comme la vérité les récits des réfugiés jansénistes, des pamphlétaires protestants, à la solde des cabinets, et c'est ainsi que sont parvenues jusqu'à nous ces histoires du Parc aux Cerfs, comme plus tard les Mémoires de Richelieu, mensonges accueillis, acceptés parce qu'ils aidèrent à un système de calomnie au profit d'une révolution qui se préparait par tous les moyens.

(1) On a justement placé dans la réserve défendue au public, à la Bibliothèque Impériale, deux ou trois pamphlets sur le Parc aux Cerfs, pleins de gravures obscènes. Ils sont imprimés en Angleterre ou en Hollande. Je dois cette justice à l'esprit distingué de M. Magnein, conservateur de la Bibliothèque Impériale, qu'il a ce même mépris sur les pamphlets publiés à l'occasion du Parc aux Cerfs.

Louis XV, le premier des Rois de France, dans la seconde période de sa vie, dédaigna les maîtresses de grande maison, et c'est ce que sa cour si facile de mœurs lui pardonna le moins. Le Roi, je l'ai dit, avait vu les dangers de cette longue lignée des bâtards de Henri IV et de Louis XIV, depuis le duc de Beaufort (le roi des halles), jusqu'au duc du Maine (le prince des intrigues); il avait connu, compté les immenses dépenses en apanages, en domaines, en argent, que les bâtards avaient coûtées au trésor royal (1). Son cœur ne pouvant donc s'affranchir des passions ardentes de la race des Bourbons pour les femmes, le Roi préféra des amours naïves, inconnues, en dehors des intrigues, couvertes d'un secret qui le mettait à l'abri des demandes répétées de places, de cordons et d'honneurs en faveur des parents et des amis de la favorite; il n'aurait pas tout à donner aux Mortemart, à cause de madame de Montespan ou aux Noailles, à la sollicitation de madame de Maintenon, le Roi accordait une pension à

---

(1) L'aventure de mademoiselle de Romans prouve combien le Roi tenait à ne point avoir de fils légitimés. Le Roi aimait passionnément cette jeune personne; mais dès qu'elle fit traiter le fils né du Roi en prince, en lui cédant même le pas, Louis XV ordonna que l'enfant serait élevé à part dans l'ignorance de son origine, et néanmoins avec toute la fortune et l'aisance nécessaires. Madame de Pompadour dirigea toujours le Roi dans cette idée.

la jeune fille si elle devenait mère, un bénéfice ecclésiastique, le petit collet à un fils reçu dans la famille, car plus d'un de ces enfants marqués à l'effigie du Roi étaient adorés par Mesdames, si bonnes, si indulgentes parce qu'elles étaient pures et saintes.

Quelle fut la part que madame de Pompadour prit à ces passagères intrigues du Roi ? J'ai honte de poser cette question ! Est-il vrai qu'elle en fut la complaisante intermédiaire ? Je le répète, c'est odieux à le supposer. Depuis les pâques solennelles de 1755, préparées par le père Sacy, il n'existait plus entre le Roi et la marquise qu'une vive et profonde amitié ; je n'ai jamais cru à des sacriléges, à des communions hypocrites. Le Roi était pieux à travers les faiblesses de son cœur ; la marquise était aux mains d'un directeur indulgent, mais incapable de se jouer avec les saints sacrements de l'autel (1). L'influence que continuait d'exercer la marquise tenait à son esprit supérieur et lucide qui évitait au Roi tout travail pénible et fastidieux. Il faut peu connaître le temps, les mœurs, les documents même de cette époque pour supposer que la marquise avait besoin de recourir

---

(1) « La marquise ne met point de rouge comme à l'ordinaire, ce qui annonce la réforme. » (*Journal de Barbier*, année 1756.)

à un rôle indigne d'elle pour conserver son crédit.
De toutes parts on offrait au valet de chambre de
quartier, à Bontems, à Lebel, les plus ravissantes
créatures. La preuve honteuse en existe écrite en
triste témoignage (1) ! qu'avait besoin d'intervenir
en tout ceci la marquise de Pompadour ? C'était
un rôle de valet de chambre, et voilà tout ; le Roi
même y mettait un certain mystère auprès de la
marquise, et la preuve se trouve encore dans les
Mémoires de madame d'Hausset. Le Roi s'ouvrit
un jour à madame de Pompadour avec un certain
embarras sur une jeune fille prête à devenir mère,
et auprès de laquelle il voulait que l'on veillât
avec une grande sollicitude. La marquise en chargea madame d'Hausset elle-même : on lui remit
12,000 livres pour prendre soin de l'enfant et de
la mère ; on dut lui parler du voyage d'un comte
polonais père du fils qui naquit heureusement.
Madame d'Hausset s'acquitta de sa mission avec
un grand zèle dont elle fut délicatement récom-
pensée. Louis XV ne cessait de dire à la marquise :
« Vraiment que vous êtes bonne ! que de gratitude
pour vous de vous charger d'une pareille mission (2) ! »

Il est évident que si madame de Pompadour eût

(1) Les lettres autographes existent aux archives.
(2) *Mémoires de madame d'Hausset,* page 175.

été l'intermédiaire habituelle de ces sortes d'amours secrètes du Roi, madame d'Hausset n'en eût pas fait la remarque plutôt cette fois qu'une autre. L'expression de la reconnaissance timide du Roi n'eût pas été si vive pour un service accoutumé! Oui, le Roi put avoir de ces amours passagères et de ces galanteries passionnées. « Quel est le bourgeois, comme le fait très-bien remarquer l'avocat Barbier (1), qui n'ait cette sorte de faiblesse? » Ce qu'on doit nier, c'est l'existence de ce honteux sérail qui fut appelé le *Parc aux Cerfs*. Le roi Louis XV eut des amours secrètes, à Passy, Auteuil, Choisy et Versailles. Je ne défends pas sa chasteté, mais le Parc aux Cerfs, comme le balcon de Charles IX au Louvre, le masque de fer et les tortures de la Bastille, furent des inventions destinées à compromettre et à perdre la couronne.

Le rôle, la mission des partis hostiles, est de rendre odieux les pouvoirs qu'ils veulent renverser : c'est leur droit de guerre et leur élément de triomphe. Une fois le pouvoir à terre, tout est justifié, et l'on considère comme une vérité historique ce qui a été inventé pour les besoins d'une cause.

On a parlé aussi des orgies royales chez la

---

(1) *Mémoires*, t. VII.

marquise de Pompadour ; on a transformé en fêtes de Néron, en banquets de la décadence, ces charmants soupers où régnaient les grâces de l'artiste, l'esprit d'une compagnie excellente, ces figurines en poudre, en diamants, en belles robes à ramage. Les fils des Porcherons qui souvent ont écrit les chroniques du xviiie siècle ont confondu l'antichambre avec le salon. D'ailleurs, madame d'Hausset, qui, je le répète, ne quitta pas un seul jour la marquise, rapporte qu'elle ne vit qu'une seule fois le Roi un peu pris de vin, et jetant quelques mots hardis à travers la conversation animée. Une autre fois pendant la nuit à Choisy, madame d'Hausset fut subitement réveillée par une indisposition grave du Roi évanoui dans son lit. Le médecin Quesnay jugea qu'il ne s'agissait que d'une indigestion provenant du souper. Madame de Pompadour, toujours maîtresse d'elle-même, montra une immense sollicitude pour le Roi qui en garda souvenir.

Je me suis arrêté avec le plus grand détail sur trois points historiques, importants à constater : 1° qu'il n'exista jamais un Parc aux Cerfs, destiné aux plaisirs secrets du Roi, une espèce de sérail ottoman : ce fut là une calomnie inventée par les partis qui en voulaient à la couronne; 2° que jamais le crédit de la marquise de Pompadour ne se fonda sur de honteuses complaisances, car pour ce honteux trafic, Louis XV avait ses valets de chambre, ses officiers particuliers; et dans nos temps plus hypocrites que sérieux, ces coutumes n'ont pas changé. Jamais il n'y eut par les ordres de la marquise, ni enlèvement de jeunes filles, ni odieuses manœuvres : ainsi, malheureusement, étaient faites les mœurs, qu'il y avait bien plus d'offres que de places vacantes, et que les valets avaient une faculté de choix dans les pétitions ignobles qui se multipliaient de tous les points du royaume; 3° enfin qu'il n'y eut dans les soupers de la marquise, ni orgies, ni grossières débauches. L'esprit, les grâces présidaient à ces charmants tête-à-tête: on médisait, on raillait, on chantait un petit air, les noëls, les satires à la mode : on y jouait sous les mille bougies; on y représentait la comédie, les petits opéras, souvent on parlait des affaires du temps, des questions fort sérieuses. C'est aux soupers de Louis XV que fut prise plus d'une résolution digne des gentilshommes. On y parlait des hauts faits de guerre avec une grande liberté; quelques tableaux restent encore, qui nous reproduisent ces beaux soupers de Choisy où président les femmes gracieuses, comme perdues sous les dentelles, les diamants, les éventails, au milieu de ces salons tout éblouissants de cristaux, de lustres, tout bordés de paravents, de belles tapisseries, de meubles inimitables, de jaspe, de porcelaines, de tableaux et de dessus de portes de Watteau, de Boucher et du premier des Vernet.

XX

1760-1762.

La guerre s'était poursuivie avec vigueur et succès jusqu'à la convention de Closter-Seven, si odieusement violée par les Anglais. Ce manquement à la parole donnée avait changé les combinaisons de la campagne : l'hésitation des cercles allemands, la défection de l'armée saxonne, avaient amené la triste bataille de Rosbach, où le prince de Soubise trahi par les Allemands s'était couvert de gloire : néanmoins la bataille était perdue ; il y avait eu un mouvement de concentration exagéré par les journalistes de Paris parlementaires et jansénistes (1). Le conseil rappelait le maréchal

---

(1) Voir mon *Louis XV et le Maréchal de Richelieu*.
Barbier prend plaisir à exagérer les défaites et les pertes des divers corps de l'armée française, années 1760-1761. A tous ces grands censeurs, je préfère l'aimable Favart, toujours aux aguets pour chanter nos gloires :

> Cumberland sur son belvéder
> Nous voyant passer le Weser,
> Se fit apporter sa cuirasse,
> Son grand sabre et son catogan;
> Et puis il dit, d'un ton d'audace :
> Courage, amis, fichons le camp.

de Richelieu, autant pour avoir signé la convention de Closter-Seven, que parce que l'Allemagne se plaignait de la manière dont le maréchal faisait vivre ses troupes sur le sol conquis, presque à discrétion. On avait alors besoin de ménager l'Allemagne travaillée par les subsides de l'Angleterre. Comme dans toutes les guerres avec la France, le ministère anglais, craintif devant une invasion, semait l'or à pleines mains sur le continent pour s'attirer les cabinets et les peuples. Les wighs faisaient toutes sortes de sacrifices ; ils intriguaient à Vienne, à Pétersbourg, à Munich, à Dresde, afin de compromettre la glorieuse campagne des Français, en les isolant dans un pays ennemi.

A Paris, l'opposition des parlements et des jansénistes servait admirablement les ennemis du pays ; on chansonnait les généraux, spécialement ceux que protégeait la marquise de Pompadour. Le prince de Soubise surtout, qui s'était si vaillamment relevé de Rosbach par deux faits d'armes victorieux (la bataille de Lutzelberg), on le raillait par de vives moqueries :

> A Rosbach, le Prussien si fier
> Pouvait-il jamais espérer
> Me vaincre en bataille rangée,
> Moi qui ne m'y rangeai jamais ?

> Je m'en épargne tous les frais.
> L'éclair dissipa mon armée,
> Battez chaud, j'ai bon dos.
> Poisson soutient Soubise
> La France paye ma sottise (1).

Ainsi Poisson, c'est-à-dire madame de Pompadour, était signalée comme la cause des défaites publiques. On l'accusait aussi de la disgrâce du maréchal de Broglie, brave sans doute, mais d'un caractère maussade, entier, insubordonné; Victor de Broglie, coryphée du parti janséniste, était l'espérance de tous les parlementaires. Lors de sa disgrâce, on le salua de mille applaudissements sur les théâtres, et Mlle Clairon, dans *Tancrède*, dit avec un ton pénétré :

> On exile Tancrède, on l'insulte, on l'outrage.

et tous les yeux se tournèrent vers le maréchal. Lors de la glorieuse victoire de Lutzelberg, gagnée par le prince de Soubise, il fut encore fait des couplets sur le prince, élevé par le Roi à la dignité de maréchal.

> Je suis un pauvre maréchal
> Et je redeviens général
> Depuis que Broglie en son village
> Est renvoyé par Pompadour (2).

---

(1) *Recueil Maurepas.* Manuscrits Bibliothèque Impériale.
(2) *Recueil Maurepas.* Fort curieux depuis l'année 1761 à 1762 sur madame de Pompadour.

Ces excitations de l'opinion publique énervaient singulièrement les opérations du conseil. Tandis que les armées se couvraient de gloire, les mécontentements de la bourgeoisie, avocats, marchands, éclataient en murmures. On appelait la paix de toutes les forces, et madame de Pompadour elle-même fut d'avis de sonder le terrain, pour obtenir une pacification de l'Europe. M. de Bussy, fort habile négociateur, fut envoyé à Londres. Le duc de Choiseul fit pressentir par les états-généraux de La Haye quelles seraient les conditions possibles. Celles qu'imposa l'Angleterre par l'organe de M. Pitt étaient si dures, si inflexibles, que le conseil du Roi, unanimement, décida que la guerre serait continuée. On put remarquer à cette époque un fait bien triste encore pour notre histoire, c'est que les plus vigoureux, les plus intrigants des adversaires de la paix avec la France, ce furent les réfugiés protestants et jansénistes, alors à La Haye, à Londres et à Berlin. Leur haine se montra inflexible, implacable pour le drapeau de leur vieille patrie. Leurs intrigues secondèrent les oppositions insensées, coupables des parlements qui suspendaient la justice dans le royaume, avec un grand éclat, comme pour profiter des embarras nouveaux du royaume. Le Roi en était irrité profondément ; lorsque la marquise de Pompadour conseillait la mesure, le calme, Louis XV s'écria en plein conseil : « Il y a trop longtemps que cela dure; je ne suis plus jeune, il faut en finir (1). » La marquise croyait encore possible un arrangement qui pourrait donner au Roi la force, l'appui des parlements dans la crise de guerre.

Le roi Louis XV, à cette époque, grandit en énergie, en activité; il passait les revues des gardes suisses et de sa maison militaire, qui partit pour la campagne avec un zèle et une ardeur incomparables. Les gravures contemporaines, si parfaitement réussies, ont gardé le souvenir et retracé les moindres détails de ces revues au Trou d'Enfer, près de Marly, ou bien à la plaine des Sablons, passées par le Roi en personne (2) avec toute sa famille. Quelle belle armée! que de grâces sous ces uniformes tout brillants, et si glorieusement portés : mousquetaires, gendarmes, chevaux-légers, grenadiers à cheval! Après ces revues royales, les troupes partaient pleines d'ardeur pour la Flandre ou l'Allemagne. La marquise assistait assidûment à ces belles fêtes militaires : il y avait tant de curieux en carrosses que

---

(1) Voir mon *Louis XV*.
(2) Bibliothèque Impériale. Collection des estampes, 1760.

la tête des voitures était déjà vers la porte Saint-Honoré, que la queue se développait encore à Versailles. Les gentilshommes ne faisaient pas défection à la cause de la France : ils couraient se sacrifier pour elle, sans observations ni remontrances. Cette gaieté, cet entrain des gentilshommes passa aux soldats, et c'est pour exprimer ce joyeux entrain, que Favart composa sa jolie chanson de *Relan tan plan, tambour battant.*

> Braves garçons que l'Amour mène,
> Prenez parti dans Orléans.
> Notre coronel, grand capitaine,
> Est le patron des bons enfants.
> Dam! il fallait le voir en plaine
> Où le danger est le plus grand,
>   Et le r'li, et r'lan,
> Lui seul en vaut une douzaine,
> Relan tan plan, tambour battant.

> Un officier dans la bataille
> Est pêle-mêle avec nous tous,
> Il n'en est point qui ne nous vaille
> Et les premiers ils sont aux coups.
> Un général fût-il un prince,
> Des grenadiers se met au rang,
>   Et r'li, et r'lan,
> Fond sur les ennemis et vous les rince,
> Relan tan plan, tambour battant.

Quand le Roi n'était pas occupé à ses devoirs de guerre et de conseil, sa plus grande distraction, c'était la chasse. Cette agitation qu'elle imprime au corps et les loisirs qu'elle laisse à l'esprit convenaient parfaitement au caractère du Roi, profondément affecté de l'état du royaume. La chasse lui donnait le temps de réfléchir, de comprimer les élans impétueux de certains conseils, d'attendre les nouvelles, de distraire ses tristesses et de consulter ses amis dans la plus haute intimité. Il passait rapidement de Compiègne à Fontainebleau, puis de la forêt de Sénart à Rambouillet. Presque partout, au milieu de ces vastes forêts, il faisait élever ou embellir des rendez-vous de chasse, vastes pavillons où il soupait et couchait souvent (1). Dans ces pavillons, au milieu des grands bois, se tenait le conseil. La solitude inspirait les esprits, comme dans l'antiquité les forêts peuplées de Nymphes murmuraient les oracles; autour d'un feu pétillant, sous les sifflements des vents d'automne, le Roi aimait à écouter les avis, les histoires belliqueuses de la campagne, comme au moyen-âge le seigneur « oyait les grands dires des batailles et les faits et gestes de chasse. »

Ce fut une époque très-difficile pour le crédit de madame de Pompadour. Elle déploya une capacité infinie. Le Roi ne s'était pas mis à la tête de ses

(1) Comme le Saint-Hubert de Compiègne, et le pavillon de la Muette. Voyez le *Livre des chasses de Louis XV*.

armées comme en 1745. Il fallait incessamment le distraire et secouer cette tristesse maladive qui dévorait sa joie, ses plaisirs. La marquise comprit la nécessité de créer des occupations attrayantes. Le Roi aimait à bâtir, à féconder par ses encouragements les voyages, les découvertes des sciences. La marquise y joignit l'amour infini des arts. Madame de Pompadour, dans cette voie, fut parfaitement secondée par son frère, le jeune marquis de Marigny, intendant des bâtiments de la Couronne. Le Roi avait une tendre affection pour ce jeune homme si modeste, et qui d'abord créé marquis de Vandière et cordon bleu (1), obtenait la confiance du Roi par son activité à construire, à déblayer la ville de Paris. Chaque fois qu'il y a crise publique, suspension de la vie industrielle, il faut que l'État occupe la multitude, et de là les gigantesques monuments des cités pour lesquels le concours des masses d'ouvriers est indispensable. Rome ne fut jamais si embellie que sous les empereurs qui avaient concentré la vie de l'État et la liberté des individus. Les Césars firent bâtir une nouvelle Rome, pour occuper l'oisiveté des multitudes. La guerre de sept ans fut l'époque des

---

(1) Cette promotion d'un roturier au cordon bleu souleva de grandes oppositions, et l'on fit des épigrammes sur le *Poisson*, nom du marquis de Marigny, qu'on passait au bleu.

grands travaux à Paris, parce que le peuple était privé de toute industrie par la suspension du commerce au dehors.

Les plans de la marquises de Pompadour et de son frère le marquis de Marigny pour les embellissements de Paris subsistent encore ; il en reste même encore un témoignage dans les splendides bâtiments du garde-meuble, la place Louis XV, le pont, les dessins du palais Bourbon et de la Madeleine ; le Louvre achevé devait se réunir aux Tuileries. On voit dans une gravure contemporaine, le marquis de Marigny lui-même présider aux travaux avec un zèle attentif (1). Les architectes de prédilection de la marquise étaient Soufflot, Gabriel et Servandoni, admirables artistes, qui nous ont laissé de beaux monuments : le Panthéon, la place Louis XV, les hôtels des Champs-Élysées, Saint-Sulpice. Les souvenirs de la Grèce et de Rome se mêlaient aux goûts élégants et commodes du XVIIIe siècle, les colonnades sévères aux fantaisies chiffonnées.

De grandes voies ornées d'hôtels avec jardins, comme les rues de Bourbon, de l'Université et Grenelle, devaient couper Paris dépouillé de ses remparts qu'on transformait en boulevards : la

---

(1) Bibliothèque Impériale (Collection des estampes).

Grange-Batelière se peuplait de beaux hôtels de financiers avec des jardins qui s'étendaient jusqu'à la butte Montmartre. Les boulevards furent l'œuvre la plus favorisée par la marquise de Pompadour. Elle les fit planter jusqu'à la porte Saint-Martin ; on lui dut la plupart des hôtels de la rue Bergère, si parfaits, si gracieux (1). Mais son plan le plus vaste après le Panthéon, Saint-Sulpice et la Madeleine (2) dut s'étendre à cette partie de la ville de Paris qu'on appelle la Cité. Tout le vieux Paris devait être vendu à une compagnie financière qui s'engageait à sa transformation. Toute l'île de la Cité devenait une ville nouvelle avec Notre-Dame sur un point et le Palais-de-Justice (3) sur l'autre. Pour lier les deux rives de la Seine, on construirait des galeries couvertes sur les ponts, avec des arbustes en fleurs et des peintures murales, sortes de jardins suspendus.

Le Palais-Royal devait ainsi s'unir au Luxembourg par cette galerie d'hiver, où les passants seraient abrités contre le vent, le soleil et la pluie. Au centre de Paris, les boulevards se développeraient successivement jusqu'à la porte Saint-Honoré par

(1) La plupart de ces hôtels ont été gâtés par des constructions modernes.
(2) La Madeleine et le palais Bourbon ne furent commencés qu'un peu plus tard, mais ils sont sur le plan.
(3) Le révolutionnaire Soulavie donne quelques-uns des plans de madame de Pompadour.

d'élégants hôtels, dont le pavillon de Hanovre était comme le modèle. Les financiers quittaient un peu la place Vendôme, la place des Victoires, pour les belles et nouvelles constructions de la Grange-Batelière et des rues Bergère. Chaque hôtel était alors un objet d'art; peintres, sculpteurs, travaillaient des années sur les plafonds, les dessus de portes, les ornements des salons et des riches galeries : ainsi Vernet avait peint ses tableaux du matin, du midi et du soir, comme dessus de portes pour Choisy.

C'est à madame de Pompadour et au marquis de Marigny, son petit frère, que l'on doit le développement de l'école de Rome et l'institution des grands prix de peinture et d'architecture. Le cardinal de Bernis obtint les priviléges de l'école et les immunités dont les élèves jouissaient comme s'ils avaient été sur la terre de France même. On dut aussi à la marquise la première exposition des tableaux dans le Louvre, afin de créer l'émulation parmi les artistes ainsi royalement abrités.

La première exposition publique ou premier salon de peinture au Louvre se reporte à l'année 1758, époque de la toute-puissance de madame de Pompadour : ce fut une grande fête artistique, où brillèrent les œuvres de Vanloo,

Boucher, Greuze, Vernet et Vien (1). Le compte-rendu de ce salon fut fait par tous les critiques, spécialement par Diderot lui-même (2). Brillante lignée d'artistes que les Vanloo, qui unissaient à une origine flamande une éducation méridionale; ils avaient vécu à Nice, à Aix en Provence où leur famille s'était établie. Jean-Baptiste Vanloo s'était fait remarquer par une succession de portraits : Louis XV enfant, Marie Leczinska, celui de madame de Sabran (Provençale comme lui) et de madame de Prie. Le frère de Jean-Baptiste, l'ami du duc de Bourbon, Charles-André Vanloo s'était aussi fait connaître par une remarquable peinture, *Apollon qui écorche le satyre Marsyas*, œuvre de maître qui révèle l'étude des camées antiques, si protégée par la marquise. Ses deux charmants tableaux d'*Un concert d'instruments* et de *La conversation espagnole*, œuvre moitié flamande et moitié castillane, l'avaient vivement recommandé à la marquise de Pompadour qui le chargea du portrait de Louis XV (depuis exposé au salon de 1763).

Vanloo, logé au Louvre avec une pension de 6,000 livres, resta le peintre en faveur auprès de la

---

(1) On trouve le salon en miniature dans les colletions de gravures, Bibliothèque Impériale.
(2) Un recueil a publié ce compte-rendu (1857).

marquise jusqu'à l'exposition de ses *Trois Grâces enchaînées par l'Amour*. Madame de Pompadour jugea très-sévèrement (1) cette œuvre aux chairs rebondies et flamandes. L'idéal que la marquise se faisait des Grâces, de la beauté, était quelque chose de suave, de svelte, d'élancé comme les Grâces antiques. Elle ne put s'empêcher de pousser une exclamation peu favorable au peintre qui avait trop étudié Rubens.

François Boucher, l'artiste de prédilection de madame de Pompadour, méritait cette faveur par la grâce facile de ses dessins et de ses chairs un peu trop nourries de roses. Expression de cette société du xviiie siècle, toute riante et sensualiste, Boucher fut le vrai peintre de cette manière charmante, digne de reproduire les marquises, race perdue et remplacée par ces figures de bourgeoisie emblasonnée, avec cette spécialité de nez épatés et rougis de races sémitiques. Boucher travailla beaucoup et conquit une grande fortune, ne dédaignant ni la peinture des enseignes, ni les estampes des rues ou les enluminures d'éventails, le plus gracieux ornement des femmes, et alors d'un prix inestimable ; les paravents, les chaises à porteurs, les porcelaines de voitures,

---

(1) « Cela des Grâces ! » L'artiste en conçut un profond chagrin.

tout était enluminé de belles peintures de la main du grand maître. Les plus gracieuses productions de Boucher furent peintes pour l'ornement des châteaux de Crécy et de Bellevue, résidences privilégiées de madame de Pompadour.

Les salons de 1758 à 1763, je le répète, furent décrits par Diderot, ce matérialiste ordurier, porc d'Épicure dans la coterie des encyclopédistes Le premier salon de 1758 fit événement parce que l'époque était aux arts, à la vie facile ; l'artiste du xviiie siècle était honoré, reçu, fêté partout. Madame de Pompadour n'était-elle pas une artiste elle-même? Ses plus doux moments n'étaient-ils pas consacrés à l'art? Le marquis de Marigny n'était pas seulement le protecteur des choses de l'esprit, il était artiste travailleur : ses traits ont été reproduits à la fois par Greuze, Vernet et Vien ; il n'avait rien d'élégant et de svelte comme sa sœur la marquise, mais ses yeux étaient spirituels et vifs, son front était haut ; il corrigeait la lourdeur d'un ventre un peu proéminent (origine financière), par une certaine légèreté de pose, et son justaucorps de velours noir amincissait sa taille : on peut le voir en pied dans la gravure qui le représente assistant à la reprise des travaux du Louvre. Le marquis de Marigny porte le cordon bleu sur la poitrine. Le Roi avait ainsi voulu honorer le protecteur des artistes : ceux-ci ont gardé un long souvenir du marquis de Marigny. Les marines de Vernet lui furent dédiées; un des ronds-points de la vaste promenade du vieux Cours-la-Reine, ces Champs-Élysées, œuvre de madame de Pompadour, a pris le nom de carré de Marigny, en mémoire de celui qui avait si bien exécuté les vues de sa sœur. Hélas! il n'existe pas un seul monument dans ce Paris ingrat pour la marquise de Pompadour. A Bellevue, à Versailles, à Meudon, à Étioles, nous foulons les gazons qu'elle dessina, nous parcourons les allées qu'elle fit planter, nous admirons ses jaspes, ses porcelaines, ses meubles, ses salons, les belles soies de ses robes de damas; ensuite quelques grossiers historiens de nos annales l'appellent *la Pompadour*, à la façon des courtisanes, comme jugement définitif et pédant sur les grâces et l'esprit.

XXI

1760-1763.

Le désir, le besoin de la popularité est une des causes les plus vives de la chute des pouvoirs, et souvent le mobile des plus déplorables injustices; on était en pleine guerre, au milieu des sacrifices de toute espèce ; le conseil du Roi dirigé par la marquise de Pompadour s'était déjà sur plusieurs points rapproché du parti encyclopédique. Alors, une nouvelle et immense concession fut faite cette fois, non-eulement au parti encyclopédique, mais encore aux parlementaires, aux jansénistes si parfaitement unis entre eux ; je veux parler de l'abolition de l'ordre des jésuites à laquelle contribua la marquise de Pompadour.

On était à cette époque de pénurie et d'embarras financiers qui faisait songer à tous les expédients, et il y avait longues années que cette question était examinée dans les livres : l'État n'a-t-il pas le droit de supprimer les ordres monastiques, et par suite de s'emparer de leurs biens pour s'en faire une ressource? Ces idées subversives avaient été favorisées par le ministère de M. d'Argenson, fort en avant dans le parti philosophique; elles venaient des gouvernements luthériens et calvinistes, de l'Angleterre et de la Prusse qui avaient largement profité des confiscations injustes, abominables sur les ordres religieux. Voltaire envoyé secret à Berlin en 1743 rapporta ainsi une conversation qu'il eut avec le roi Frédéric (1) : « Dans un dernier entretien que j'eus dernièrement avec Sa Majesté Prussienne, je lui parlais d'un imprimé qui courait il y a six semaines en Hollande, dans lequel on proposait de pacifier l'empire en sécularisant les principautés ecclésiastiques en faveur de l'Empereur et de la reine de Hongrie; je lui dis que je voudrais de tout mon cœur le succès d'un tel projet, et que c'était rendre à César ce qui appartenait à César; que l'Église ne devait que prier Dieu et les princes ; que les religieux n'avaient pas été institués pour être souverains, et que cette opinion m'avait fait beaucoup d'ennemis dans le clergé. »

Ce projet de détruire les ordres monastiques apparaissait tout à fait dans les idées du roi de Prusse, comme un des grands mobiles du progrès philosophique: « J'ai remarqué, et d'autres comme

---

(1) Correspondance générale de Voltaire, 8 octobre 1743.

moi, que là où il y a plus de couvents de moines, sont ceux où le peuple est le plus aveuglément attaché à la superstition. Il n'est pas douteux que si l'on parvient à détruire ces asiles du fanatisme, les peuples s'éclaireront. Il s'agirait de détruire les cloîtres ou au moins d'en diminuer le nombre. Ce moment est venu parce que les gouvernements de France et d'Autriche sont accablés de dettes, qu'ils ont épuisé les ressources de l'industrie sans pouvoir parvenir à les éteindre; l'appât des riches abbayes et des couvents très-rentés est tentant. En ce cas que fera-t-on des évêques? je réponds qu'il n'est pas encore temps d'y toucher. Il faut commencer par détruire ceux qui soufflent l'embrasement du fanatisme au cœur du peuple. Dès que les peuples seront refroidis, les évêques deviendront de petits garçons, dont les souverains disposeront par la suite des tems comme ils voudront (1). »

Les ordres religieux, voilà ce que Frédéric espère briser : « Si l'on veut détruire le fanatisme, il ne faut pas d'abord toucher aux évêques ; si l'on parvient à diminuer les moines de tous les ordres, le peuple se refroidira, il permettra aux souverains de dominer les évêques, sitôt qu'il conviendra au bien de leur État ; c'est la seule marche à suivre :

(1) Correspondance du roi de Prusse, 1763.

miner sourdement l'édifice de la folie, c'est l'obliger à s'écrouler de lui-même (1). » Il est triste de voir le souverain d'un grand État s'exprimer de la sorte, contre l'institution religieuse, qui seule légitime la puissance. Mais ce que l'on doit remarquer surtout, c'est le sentiment intime qui fait considérer les ordres religieux comme l'obstacle populaire au développement des doctrines philosophiques : les moines étaient la démocratie dans l'Église. Mêlés au peuple, les capucins surtout formaient la milice aimée; les ordres mendiants de Saint-Antoine, de Saint-François, étaient à la tête de tous les secours ; on s'affiliait à leurs œuvres, et Voltaire n'avait pas dédaigné d'accepter le titre de Père temporel des capucins de Gex. On lisait chez le duc de Choiseul et la marquise de Pompadour ces vers railleurs :

> Il est vrai, je suis capucin,
> C'est sur quoi mon salut se fonde ;
> Je ne veux point dans mon déclin
> Finir comme les gens du monde.
> Mon malheur est de n'avoir plus
> Dans mes nuits ces bonnes fortunes,
> Ces nobles grâces des élus,
> Chez mes confrères, si communes (2).

Le danger le plus grand pour les ordres reli-

(1) Correspondance du roi de Prusse, 1760.
(2) Voltaire, poésies diverses et correspondance, 1760.

gieux et pour le clergé en général, c'est qu'ils étaient riches, et les économistes de la nouvelle école établissaient en droit que dans les besoins de la patrie, l'État avait la faculté légitime de s'emparer des biens du clergé. A cette époque de la guerre les besoins étaient considérables, et M. de Machault proposait de vendre une certaine masse de ces propriétés les mieux cultivées du royaume, ou de faire un emprunt hypothéqué sur les revenus. Madame de Pompadour n'était pas éloignée de cette mesure qui mettait tant de ressources aux mains de l'État.

Il fallait commencer par une large brèche, et ce fut alors que devant madame la marquise il fut parlé des jésuites, question fort complexe et déjà fort avancée. Le parti janséniste n'était pas sans doute la majorité, mais il formait une de ces minorités actives, puissantes, qui tôt ou tard arrivent à leur but, sinon par la force, au moins par l'intrigue; le parlement était janséniste de formes et de principes, et dans la question du refus des sacrements il s'était vivement prononcé pour les opinions sévères et opiniâtres de la Sorbonne et de l'Université. Il y avait même dans le parlement de Paris des exaltés, des fous anti-jésuites, tels que les abbés Pucelle et Chauvelin (1), vilaine

(1) Henri-Philippe Chauvelin, abbé de Montier Reincy, cha-

âme dans le plus vilain corps. Rien de plus laid que le bossu Chauvelin, acariâtre, maussade, peu aimé de ses confrères ; il s'était passionné contre les jésuites. Chauvelin et Pucelle, fort populaires dans la bourgeoisie de Paris presque toute janséniste, épiaient une occasion pour se prononcer avec succès contre les jésuites. Ils savaient bien que dans la vie des grandes corporations, il y a toujours des fautes communes, des accidents favorables à leurs ennemis, qui servent de prétexte à leur destruction.

Les jésuites avaient d'éminentes facultés qui tenaient à leur institution ; mais ils avaient aussi les défauts et les faiblesses de leurs qualités ; leur condition supérieure, c'était l'esprit de gouvernement et de hiérarchie ; leurs défauts, une extrême hardiesse de vues et de projets, un avancement dans les conceptions qui leur faisaient dépasser le siècle. Ainsi dans les colonies, en Espagne, en Portugal et même en France, les jésuites étaient à la tête de toutes les grandes entreprises d'intelligence, d'industrie, de commerce et d'éducation publique. Dans les Indes et les deux Amériques, leur vaste et actif génie s'était déployé d'une façon brillante et quelquefois aventureuse. Il en était

noine de Notre-Dame, conseiller au parlement de Paris, frère du gracieux marquis de Chauvelin, si aimé de Louis XV.

résulté des fautes, des échecs comme des succès; et l'affaire du père Lavalette, sorte de faillite commerciale, après la plus habile conception de capitaux et d'échange, avait donné un juste motif d'accusation (1).

Les ennemis des jésuites s'en saisirent avec une joie indicible. Les parlements et l'Université déclamèrent à la fois : à Paris, en Bretagne, en Provence, une condition de la popularité ce fut d'attaquer les jésuites. On fit des réquisitoires qui eurent le retentissement des œuvres philosophiques. L'abbé de Chauvelin fut le rapporteur au parlement de Paris, La Chalotais en Bretagne, de Monclar en Provence ; tout le parti encyclopédique tressaillait de joie, non pas qu'il eût une haine particulière pour les jésuites, mais parce que c'était le commencement du vaste projet de destruction des ordres monastiques, ce qu'avaient tant souhaité Frédéric de Prusse et ses convives aux soupers de Postdam et de Sans-Souci. Les parlements profitèrent de l'effet produit par la sauvage condamnation des jésuites à Lisbonne pour prononcer l'examen des statuts, puis l'abolition de l'ordre tout entier. L'abbé de Chauvelin devint l'esprit populaire par excellence. On reproduisit

(1) Voir pour les détails mon *Louis XV*.

ses traits dans mille estampes et gravures (1). Ils étaient fort laids, les artistes surent les embellir : « Un bossu eut la gloire d'avoir détruit cette société perverse, qu'un boiteux avait fondée (2). » Les acclamations des jansénistes saluèrent les arrêts des parlements qui reçurent un commencement d'exécution.

En présence de cette résolution prise par la magistrature, il était fort difficile à la marquise de Pompadour et au duc de Choiseul de conseiller au Roi une résistance, qui d'ailleurs n'était pas dans leur conviction. Le duc et la marquise liés au parti philosophique avaient un secret penchant pour la destruction ou la réforme des ordres religieux ; on les poussait à mettre la main sur les riches possessions des monastères ; et d'après les opinions des contrôleurs-généraux Silhouette, Bertin, Laverdy, on pourrait trouver dans la vente ou l'hypothèque de ces biens, toutes les ressources nécessaires pour la guerre. Dans la situation où se trouvaient les affaires, une lutte avec le parlement eût été une imprudence. Le parti janséniste promettait un concours sérieux, efficace, dans les votes

---

(1) Cabinet des estampes. (Bibliothèque Impériale.)
(2) Que fragile est ton sort, société perverse !
    Un boiteux (*) t'a fondée, un bossu (**) te renverse.

(*) Saint Ignace.   (**) L'abbé de Chauvelin.

d'argent, si on lui accordait en échange l'expulsion des jésuites et la direction de l'Université. Cette transaction acceptée par la marquise de Pompadour et le duc de Choiseul, il intervint l'édit fameux qui expulsait les jésuites de France (1), en les expropriant de leur collége, de leurs églises : édit rendu malgré l'opinion des évêques et leur avis favorable à la société de Jésus. Le parlement désormais se montrait facile pour l'enregistrement des édits : concédez beaucoup aux opinions, elles font bon marché de l'argent.

Dès ce moment la marquise de Pompadour devint très-populaire : il n'est pas de meilleur moyen pour se grandir que de faire ce que les partis imposent, serait-ce le mal ; on oublie la condition plus ou moins morale de la main qui s'ouvre aux révolutions ; les partis font des héros de ceux qui les servent. Si la marquise de Pompadour avait donné une province à la France, elle aurait été moins louée, moins adulée, qu'à l'occasion de l'édit qui proscrivait une société dévouée aux intérêts catholiques, et l'on osa la comparer à l'héroïne qui sauva la France.

Au livre des destins, chapitre des grands Rois,
On lit ces paroles écrites :

(1) 6 août 1762.

De France Agnès chassera les Anglois,
Et Pompadour chassera les jésuites (1).

Ainsi madame de Pompadour était comparée à Agnès Sorel, parce qu'elle servait le ressentiment d'un parti, et le duc de Choiseul partageait cette indigne popularité. On avait fait sur l'air du menuet d'*Exaudet*, alors à la mode, des couplets en l'honneur du premier ministre, l'homme universel depuis qu'il avait expulsé les jésuites.

> Quand Choiseul
> D'un coup d'œil
> Considère
> Le plan entier de l'État,
> Et seul comme un sénat
> Agit et délibère ;
> Quand je vois
> Qu'à la fois
> Il arrange
> Le dedans et le dehors,
> Je soupçonne en son corps
> Un ange.
> A l'amour
> Tour à tour,
> A la table (2),
> Quand il trouve des loisirs
> Et qu'il se livre aux plaisirs,
> Il est inconcevable.
> Du travail
> Au sérail
> Vif, aimable,

(1) Centurie sur madame de Pompadour.
(2) *Recueil Maurepas.*

> A tout il est toujours prêt.
> Pour moi, je crois que c'est
> Un diable.

De cette assez plate manière, les poëtes et les philosophes réunis dans les salons du duc de Choiseul le louaient pour toutes ses actions ; il y avait entre lui et la marquise de Pompadour, une grande similitude d'idées, une conformité de desseins. Le travail du duc de Choiseul était facile, gracieux, aimable ; il plaisantait de tout, des choses les plus graves ; il avait beaucoup applaudi aux vers que madame de Pompadour avait improvisés à la suite de la réforme de l'armée, qu'elle avait comparée à celle des jésuites.

> Brave officier, bon militaire,
> La réforme te désespère ;
> Que cela ne t'attriste pas,
> Je veux que tu t'en glorifie :
> Jésus est dans le même cas,
> On réforme sa compagnie.

Ces gracieuses impiétés étaient du goût de l'époque, et madame de Pompadour enivrée d'éloges, ne voyait pas le vide immense qu'allait laisser dans l'éducation publique, la destruction des jésuites. Cette éducation passait aux mains des oratoriens, savants austères sans doute, esprits instruits, mais tout nourris des anciens, plus Spartiates, Lacédémoniens et Romains que Français et monarchiques. Madame de Pompadour ne soupçonnait pas que dans ces écoles d'oratoriens, allait se former cette génération énergique, toute pleine des forces de la démocratie, les veines gonflées de république, qui allait en finir avec la monarchie des Bourbons.

XXII

1762-1763.

Les propositions de paix faites par le cabinet de Versailles, quelque modérées et larges qu'elles pussent être, avaient été rejetées par M. Pitt, l'implacable ennemi du système de grandeur et de prépondérance française, conçu par Louis XIV. J'ai dit la triste part qu'avaient prise les réfugiés huguenots à ce refus. Il donna lieu à un bel élan de patriotisme au sein de la nation : le Roi, le conseil, madame de Pompadour firent des sacrifices de toute espèce ; les corporations marchandes, les villes, les magistrats, tous votèrent des fonds pour l'armement des navires, pour l'équipement de troupes nouvelles. Il s'agissait de défendre l'honneur du drapeau (1).

La force du conseil résultait de l'union intime de M. de Choiseul et de madame de Pompadour, et cette identité de vues et de sentiments permettait

(1) Les sept corps de marchands de Paris donnèrent un vaisseau de ligne de 74 canons.

le développement simple et naturel d'un grand système : un des résultats qui fixa alors l'attention de toute l'Europe comme complément de l'alliance de 1756 avec l'Autriche, ce fut le traité capital connu sous la dénomination de *pacte de famille*, signé entre tous les membres de la maison de Bourbon (1). Louis XV devenait ainsi la tête et le centre d'une intime alliance à l'extérieur qui comprenait la France, l'Espagne, Naples et Parme ; nul traité ne produisit une impression plus profonde en Europe, et spécialement en Angleterre, qui en avait compris toute la portée; les deux grandes marines de France et d'Espagne pouvaient s'unir pour la réalisation d'un plan sur les Indes et l'Amérique : depuis Dunkerque jusqu'à Naples, il y avait sept cents lieues de côtes. Il paraissait à peu près certain que de grandes cessions matérielles seraient imposées par l'Angleterre à la France, dans l'Inde, dans l'Amérique ; mais dans la pensée de M. de Choiseul, ces concessions ne seraient rien, si l'on menait à bonne fin un projet très-élaboré par un jeune homme, originaire de Provence, fort aventureux et très-protégé par madame de Pompadour. Il se nommait Dumouriez, déjà chevalier de Saint-

---

(1) Il fut signé le 15 août 1761. Voyez mon *Louis XV*.

Louis à 20 ans (1) ; admis auprès du maréchal de Belle-Isle, il avait hautement déclaré qu'il se faisait fort de soulever l'Inde contre les Anglais au moyen de la race musulmane, la seule un peu énergique; et que pour les colonies du nord de l'Amérique, elles tendraient elles-mêmes à leur émancipation. Le projet des jésuites dans le Paraguay, qui voulaient organiser une république séparée de la mère-patrie, devait être réalisé pour l'ensemble des colonies anglaises, si vastes et si productives.

Avec ce projet sur l'Amérique et sur l'Inde, il en était un autre qui devait assurer la prépondérance du pavillon français sur la Méditerranée. Il paraissait impossible que dans un traité de paix définitif la France gardât dans ses mains l'île Minorque; elle devait essentiellement la restituer à l'Espagne : le cabinet de Versailles avait donc jeté les yeux sur l'île de Corse, que la république de Gênes lui avait cédée en compensation des secours que la France lui avait prêtés. L'île de Corse, agitée par les factions, était en partie occupée par les troupes royales d'abord aux ordres de M. de Chauvelin, puis de M. de Marbeuf, jeune officier d'une famille de finance fort liée à madame de

---

(1) Dumouriez était né à Aix en Provence, en 1732.

Pompadour. La mère de M. de Marbeuf (1) possédait tous les vastes jardins du Roule dans le voisinage des beaux hôtel de M. de Beaujon, jardins qui s'étendaient jusqu'au carré Marigny (2). M. de Marbeuf, comme toute l'école de madame de Pompadour, possédait une grande élégance de formes qui devait achever la conquête morale de la Corse, par le concours de toutes les familles italiennes, florentines et génoises établies à Ajaccio. M. de Marbeuf dit dans sa correspondance avec madame de Pompadour, toute l'amitié qui le liait à un brave et jeune gentilhomme, Charles de Buonaparte, qu'il recommande spécialement au roi de France. La Corse qui avait essayé de l'absurde constitution préparé par le philosophe Jean-Jacques Rousseau (3), serait trop heureuse de se confier au sceptre de Louis XV et d'assurer ainsi la prépondérance du pavillon Français dans la Méditerranée.

Sur l'Océan et la Manche on avait depuis longtemps remarqué le préjudice causé à la marine

(1) Les Marbeuf étaient d'origine Bretonne, et portaient deux épées d'argent brodées d'or sur fond d'azur.
(2) Madame de Marbeuf fut condamnée à mort par le tribunal révolutionnaire, en avril 1794, et ses jardins confisqués devinrent propriété nationale.
(3) Rousseau fit des constitutions sur le papier parfaitement stupides pour la Pologne et la Corse; il portait malheur à ces Républiques qui toutes succombèrent à la guerre étrangère ou à la guerre civile.

par l'absence d'une rade abritée qui fût à la fois point de départ et port de refuge. La bataille de La Hogue sous Louis XIV avait été perdue par cette cause ; et les immenses préparatifs d'une flottille de débarquement préparée par le maréchal de Belle-Isle avaient été rendus inutiles parce qu'on n'avait ni abri contre la tempête ni port fortifié pour repousser les escadres ennemies. Ce fut le conseil de Louis XV qui délibéra l'établissement du port de Cherbourg, et le jeune officier protégé de madame de Pompadour, Dumouriez, dut en dresser les plans et les soumettre à la marquise, dont le général Dumouriez gardait un grand souvenir. Tous les hommes d'intelligence qui eurent des rapports d'affaires ou de salons avec madame de Pompadour rendent d'elle le même témoignage, je dirais presque d'admiration pour sa sagacité et le patriotisme de ses projets.

Les causes qui préparèrent la guerre de sept ans, pas plus que les nécessités de la paix de 1763 ne furent l'ouvrage de la marquise de Pompadour. Les hostilités commencèrent sans cause ni prétexte par les Anglais sur mer, et par le roi Frédéric en Allemagne; la France devait se défendre; elle le fit par des armements et des alliances. La guerre se fit bien, et comme toutes les guerres, avec des chances de succès et des revers; les alliances furent belles, bien concertées, parfaitement entendues avec l'Autriche, la Russie, la Suède et les cercles allemands. La guerre de sept ans fut couronnée par le pacte de famille, une des grandes idées du XVIIIe siècle contre la prépondérance anglaise, et que celle-ci attaqua sous toutes les formes.

La paix de 1763 résulta des causes générales que j'ai indiquées : 1° la prodigalité des subsides anglais détachant successivement de la France, la Russie, les cercles allemands et presque la Suède (1); 2° l'opposition des parlements de France, qui ne permirent jamais de votes d'argent assez considérables pour développer la guerre au milieu des finances épuisées; 3° les calomnies de l'esprit philosophique tout dévoué à Frédéric de Prusse; le cabinet de Berlin avait un grand parti dans l'armée, les parlements, les philosophes; on attaqua l'alliance de 1756 qui seule permettait de contenir l'Angleterre; on jeta les plus odieuses calomnies contre le roi Louis XV; les réfugiés publièrent des pamphlets; on accusait madame de Pompadour d'enlever les petits enfants, de préparer la famine du peuple par l'accaparement des farines et de s'être vendue à l'Im-

---

(1) La paix fut au reste très-attaquée dans le parlement anglais. Voyez mon *Louis XV*.

pératrice pour quelques flatteries jetées dans ses lettres (1).

Après l'Angleterre, le plus grand ennemi de la marquise de Pompadour, ce fut Frédéric, roi de Prusse. Cela s'explique d'abord par une cause générale, la haine instinctive que le Roi portait aux femmes ; je ne descends pas à d'ignobles suppositions ; mais ces souverains si durs sur les champs de bataille, ces vautours de conquêtes qui ne voient que les résultats sans examiner les moyens, prêtent peu d'attention aux femmes, si ce n'est pour assouvir quelques caprices à la façon des Barbares. Il n'est pas étonnant que le roi de Prusse n'ait pas compris les élégances de formes, ces grâces parfaites de la marquise. Ensuite c'était sous l'influence de madame de Pompadour que la France avait modifié le système de ses alliances.

Et ici c'était le grand reproche qu'on faisait à la guerre de sept ans. Dans quel but, disait-on, était-

(1) Les historiens qui ont rapporté les expressions caressantes de Marie-Thérèse dans ses lettres à madame de Pompadour, n'ont jamais publié une seule de ces lettres ; et en tous les cas ils auraient dû savoir que le titre de *ma cousine*, dans les protocoles, était parfaitement conforme à l'étiquette. Par lettre patente du 5 janvier 1753, la *marquise* de Pompadour avait reçu les droits et les prérogatives de *duchesse* avec tabouret à la cour ; or les souverains, les rois de France eux-mêmes donnaient aux duchesses le titre de *cousine* : l'Impératrice-Reine ne faisait que se conformer à l'étiquette. Et voilà pourtant ce qu'ignorent des historiens graves !

elle entreprise? Pour détruire l'œuvre de Richelieu (1) qui avait tendu la main à la Prusse dans le but d'abaisser la maison d'Autriche. Le traité de 1756 changeait tout à fait la situation ; car désormais la France s'appuyait sur le cabinet de Vienne contre la Prusse elle-même. Ceux qui adressaient ces reproches ne connaissaient pas cet axiôme de diplomatie : qu'il n'y a pas d'alliances permanentes, et que le temps qui modifie toutes les situations (2), change les alliances elle-mêmes. A la rivalité des deux maisons d'Autriche et de Bourbon avait succédé l'union la plus grande, parce que la véritable puissance absorbante, la plus redoutable pour la France en ce moment, c'était l'Angleterre qui s'était elle-même rapprochée de la Prusse. On complétait ce système par des alliances avec la Russie et la Suède; on prenait pied en Allemagne. D'ailleurs, si madame de Pompadour avait soutenu le système, M. de Choiseul l'avait posé lui-même dans le conseil. D'où vient que les reproches s'adressent à madame de Pompadour et non pas au chef du cabinet, le véritable auteur de l'alliance de 1756 (3)? C'est que M. de Choi-

---

(1) Voyez mon livre sur *Richelieu*.
(2) Voyez le remarquable ouvrage de M. de Garden sur l'*Histoire des Traités de Paix*.
(3) A l'occasion de ce traité et du pacte de famille, M. de

seul s'était fait l'instrument du parti philosophique, et qu'en cette qualité on le respectait, on l'adulait. Le ministre qui faisait mettre au fort l'Évêque Fréron pour quelques articles de critique sur l'Encyclopédie, méritait bien d'être ménagé lui-même par le chef du parti philosophique.

Le traité de 1763 signé entre la France et l'Angleterre par les ducs de Nivernais et de Bedford (1), ne fut dans tous les sens qu'une trêve qui devait aboutir à une prompte prise d'armes; dans ce traité était le germe de l'émancipation des colonies anglaises et de la guerre de 1778. Le duc de Choiseul ne s'occupa plus désormais que d'agrandir les armements de la marine française, d'organiser la Corse, de fonder la Guyane française; il fallait donc une énergie nouvelle à notre système colonial : de là ces procès intentés aux fonctionnaires du Canada, qui s'étaient laissé corrompre, et avaient odieusement spéculé sur la France. Ce procès aboutit à des restitutions considérables qui s'élevèrent à plus de 17 millions. De là ce procès criminel intenté contre le comte de Lally. Il y eut cette circonstance remarquable dans cette période, que madame de Pompadour

Choiseul avait reçu la Toison d'Or et l'ordre du Saint-Esprit, 1762.
(1) 23 février 1763.

insista fortement pour que le comte de Lally ne fût pas livré au parlement, surtout à la suite d'une procédure capitale : la marquise n'était pas pour les mesures violentes. Tant qu'elle vécut, elle eut cette ferme résolution : elle craignait que les parlements ne prissent trop d'autorité à la suite de ces sortes de procès criminels qui toujours grandissent les corps politiques. Les parlements de France à l'imitation du parlement d'Angleterre qui avait fait poursuivre l'amiral Byng, voulaient constituer leur autorité sur une procédure capitale; madame de Pompadour s'opposa constamment à tout procès politique (1).

L'opinion publique ne fut pas plus satisfaite en Angleterre qu'en France à la suite du traité de 1763. Le comte de Bute fut attaqué dans le parlement, et l'opposition considéra les clauses de ce traité comme une trahison ; en France, malgré la fatigue des esprits et le besoin qu'on avait de la paix, on fut un peu blessé de quelques clauses offensantes que l'orgueil de l'Angleterre s'était ménagées (2). Les pamphlets en accusèrent madame de Pompadour, tout en ménageant M. le duc de Nivernais et le duc de Choiseul, tous deux chers

---

(1) Voyez sur ce fait curieux le livre un peu pamphlet intitulé : *Vie privée de Louis XV.*
(2) Sur les fortifications de Dunkerque, par exemple.

aux philosophes. Les envoyés de France à Londres, à La Haye, à Berlin eurent mission d'acheter ou de faire détruire ces pamphlets. Il se fit alors un grand commerce de calomnies : quand un réfugié était sans ressources, il n'avait qu'à préparer un livre scandaleux, une brochure pleine de fiel et de mensonges. En même temps, il faisait proposer de la vendre aux ambassades moyennant une somme d'argent, une pension ; le marché conclu, le livre était supprimé. Et c'est pourtant sur ces sortes de livres qu'on a jugé la plupart des événements et des hommes du xviiie siècle! Ainsi a été écrite l'histoire qu'on enseigne aux générations nouvelles.

XXIII

1762-1763.

Au milieu des péripéties de la guerre, de ses hasards, de ses soucis et de ses revers, une des grandes préoccupations de madame de Pompadour, c'était de distraire le Roi, de l'enlever au poids même de ses propres pensées, à la monotonie de son esprit ennuyé. Le Roi n'avait plus qu'une passion, la chasse, ou pour parler plus exactement, la nécessité de voyages et de déplacements qu'elle entraînait. Ses rendez-vous de chasse étaient devenus des palais, et dans le dernier temps de la marquise, le Roi paraissait spécialement affectionner le pavillon de Saint-Hubert (1) qu'il avait fait construire au centre même de la forêt de Rambouillet.

La marquise à son tour visitait ses diverses maisons de plaisance, Bellevue, les Réservoirs, le château de Bel-Air, le marquisat de Ménars, la

(1) Le mobilier en était fort riche, et avait coûté 800,000 livres.

terre de Crécy-en-Brie (1). Ce fut l'époque de sa plus grande élégance; son âge lui demandait des coquetteries étudiées : des jours faits exprès, des salons ornés d'une certaine manière, du rouge, du blanc, beaucoup d'éclat autour d'elle, et des couleurs saillantes afin de mieux encadrer ses traits. Cette élégance était portée à ce point que dans l'état de ses dépenses ses seuls colifichets sont évalués à 394,000 livres, sa garde-robe à 350,000 livres, son vieux laque de Chine à 111,945 livres, et sa porcelaine ancienne, non compris celle de Sèvres, à 150,000 livres. C'était donc un beau luxe artistique que celui de madame de Pompadour (2). Tel était ce goût infini des arts, cette prodigalité pour les artistes, qu'à l'ornement de sa seule maison de Bellevue elle avait dépensé près de 3,000,000. On se récriera sur la prodigalité de la marquise; mais ces dépenses n'allaient-elles pas se féconder dans la main des artistes? il y avait une si haute magnificence dans cette manière si douce de distribuer de nobles subsides à cette grande famille d'artistes qui l'environnait!

Dans chacune de ces maisons de plaisance ou

(1) L'ameublement en était admirable, le seul linge de table coûtait 60,000 livres.
(2) État des dépenses de la marquise de Pompadour.

rendez-vous de chasse, la marquise avait sa cour ; à Choisy, sa résidence de prédilection, le Roi recevait ses amis, les savants pour lesquels il avait une prédilection marquée. Il avait fallu tout l'ascendant de la marquise pour faire bien accueillir par le Roi les philosophes encyclopédistes ; mais il n'en était pas ainsi des voyageurs naturalistes, explorateurs des sciences, chimistes, mathématiciens : madame de Pompadour qui savait la tendance du Roi, les recevait avec une distinction particulière, et ce fut à elle que le naturaliste Georges-Louis Leclerc (1) dut son titre de comte de Buffon, avec son magnifique logement au Jardin des Plantes (2). Madame de Pompadour avait choisi son médecin parmi l'un des penseurs de la nouvelle école, Quesnay, qui eut toute sa confiance et celle du roi Louis XV pendant la faveur de la marquise. Il y avait chez Quesnay du savant sérieux et du charlatan ; le savant sérieux avait parfaitement étudié la médecine spéculative et pratique ; il connaissait le tempérament du Roi, celui de la marquise et quelles étaient les petites infirmités de ces deux existences : madame de Pompadour lui confiait bien des secrets, bien des mystères, et la puissance

---

(1) Son père était Benjamin Leclerc, conseiller au parlement de Dijon.
(2) La publication de l'*Histoire naturelle* s'accomplit sous la puissance de madame de Pompadour, 1749 à 1764.

de Quesnay (1) était grande surtout à sa maison de Choisy, et il en profitait pour propager ses idées et populariser ses amis, le comte de Mirabeau (l'ami des hommes), Roubaud, Gournay l'écrivain prolixe et discoureur. L'école économiste, toujours pleine de charlatanisme, avait pris le Roi par son côté faible, le bien-être du peuple et l'amour de la campagne; elle ne discourait que sur les moyens d'améliorer la classe des laboureurs; elle exploitait ces gros mensonges des statistiques sur les produits de chaque champ, des œufs et des grains de blé. Elle publiait les premières *Maisons Rustiques*, des feuilles, des journaux, et par tous ces moyens, elle arrivait jusqu'au Roi et à madame de Pompadour pour se donner une situation magnifique. Ainsi par exemple, un jeune homme fort protégé de Quesnay et de madame de Pompadour, grand parleur d'améliorations, fort maussade et entier au reste dans ses opinions, du nom de Turgot, après avoir engagé des milliers de travailleurs à aller mourir dans les marais de la Guyane française, toucha pendant dix-huit mois à Paris, cent mille livres par an, comme gouverneur de la colonie, qu'il n'avait pas même visitée (2). Ce

(1) Quesnay, né en 1694, avait suivi le Roi dans toutes ses campagnes, spécialement dans celle de 1745.
(2) Turgot était alors intendant du Limousin, de 1760 à 1764.

jeune économiste s'était lié avec d'Holbach, Voltaire et Dalembert.

Au reste, Quesnay était un honnête homme, très-savant, un analyste distingué, et madame de Pompadour avait dessiné ses armoiries comme elle l'avait fait pour le comte de Buffon (1); mais ainsi qu'il arrive toujours dans la vie, les honnêtes hommes de parti servent de couverture à une multitude d'actifs intrigants qui les entourent et les saisissent par les flatteries adressées à leur orgueil: Quesnay servait de patron à une foule de discoureurs sur la valeur relative de l'or et de l'argent, sur le libre échange, sur l'égalité des conditions, gens de bruit qui cherchent un point d'appui et une situation; Quesnay servait encore de lien entre le Roi et le parti philosophique et dans cette voie il aidait madame de Pompadour: Diderot, Dalembert étaient parvenus à se faire recevoir à Choisy (2) malgré les répugnances personnelles du Roi. Ennuyeux et pédants, ces philo-

---

(1) Les armoiries consistaient en trois fleurs de pensée avec cette devise : *Propter cogitationem mentis.*

(2) Helvétius y venait comme fils du médecin du Roi, bien que son livre *De l'Esprit* eût été flétri par un arrêt solennel du parlement : « La cour, vu le livre *De l'Esprit* de 1758, l'*Encyclopédie ou Science naturelle* (1751), le *Pyrrhonisme du Sage* (1754), la *Philosophie du bon sens* (1755), la *Religion naturelle*, etc., ordonne que tous ces livres seront déchirés et lacérés par la main de l'exécuteur de la haute justice. »

sophes étaient déplacés au milieu de cette exquise compagnie.

C'est par son *Devin de village* que Rousseau était parvenu jusqu'au Roi. Ce charmant opéra avait été représenté à Fontainebleau, et Louis XV avec la voix la plus fausse du monde chantait les jolis airs, *Non Colette n'est point trompeuse* et le final, *C'est un enfant*. J.-J. Rousseau fort abaissé devant madame de Pompadour, ne refusa pas ses bienfaits avec fierté comme on l'a dit. Il existe même de lui une lettre curieuse adressée à la marquise de Pompadour, qui lui avait envoyé 50 louis.

« Paris, 7 mars 1763. Madame, en acceptant le présent qui m'a été remis de votre part, je crois avoir témoigné mon respect pour la main dont il me vient, et j'ose ajouter pour l'honneur que vous avez fait à mon ouvrage, que des deux épreuves où vous mettez ma modestie, l'intérêt n'est pas la plus dangereuse. Je suis avec respect votre humble serviteur, J.-J. Rousseau (1). » Ainsi toutes les légendes écrites sur le dédain de J.-J. Rousseau pour les bienfaits de madame de Pompadour tombent et s'effacent devant les réalités des autographes. Rousseau n'avait rien perdu de cet esprit de

(1) Autographe.

domesticité qui avait dominé son existence à Venise, lorsqu'il était à la suite de l'ambassade avec un titre équivoque. Bientôt madame de Pompadour eut à lui rendre un plus grand service.

Les corps politiques ne savent pas toujours la mesure exacte de leurs actes, et c'est par là qu'ils compromettent le pouvoir et la société qui leur est confiée. Ainsi les parlements en concourant d'une manière si active, si passionnée à la destruction des jésuites, n'avaient pas aperçu le vide que leur absence allait produire dans le système de l'éducation publique : le champ libre restait aux théories au-dessus desquelles triomphait le système de l'enseignement laïque, dernier coup porté à la religion. L'avocat général La Chalotais, cet ennemi aveugle de l'institution de saint Ignace, avait publié une théorie tout entière sur l'éducation, avec des idées très-avancées et presque sans Dieu. Cet écrit fut bien distancé par le maussade portrait de l'enfant de la nature, de cette espèce de brute que J.-J. Rousseau nommait *Émile*, qui grimpait sur les arbres au bruit monotone de quelques phrases vulgaires (1).

A la lecture de l'*Émile* les parlements justement s'indignèrent : sans reconnaître la faute immense

---

(1) La première édition de l'*Émile ou de l'Éducation*, est en 4 volumes in-8°.

qu'ils avaient commise, ils se hâtèrent de donner des témoignages de leur foi religieuse et de leur respect envers les traditions, témoignages venus trop tard. Un arrêt du parlement de Paris condamna l'*Émile* à être flétri par la main du bourreau, et un décret de prise de corps fut lancé (1) contre Jean-Jacques Rousseau ; prévenu par la marquise de Pompadour, l'auteur fut protégé contre la poursuite de la justice; elle-même lui ménagea une retraite sûre (2). La marquise dit au Roi, avec sa grâce accoutumée, qu'il était impossible de ne pas sauver de la prison l'auteur du *Devin de village* qui avait charmé si souvent les loisirs du prince : madame de Pompadour n'avait-elle pas été la pauvre Colette? « qui avait perdu son serviteur. »

Madame de Pompadour fut moins heureuse dans ses démarches pour Voltaire, bien que le duc de Choiseul se fût joint à elle dans les mêmes sollicitations. Il s'agissait de faire cesser l'espèce d'exil qui causait tant d'ennui au philosophe de Ferney, et surtout à cette grosse et vulgaire madame Denis, fort peu éprise des montagnes et de la Suisse. Voltaire écrivait en vers et en prose, d'humbles requêtes, de flatteuses épîtres au duc de Choiseul,

(1) Arrêt du 11 juin 1762.
(2) Rousseau se cacha à l'hôtel de la maréchale de Luxembourg, fort liée avec la marquise de Pompadour.

à la marquise, au duc de Richelieu (1). Le Roi se montrait inflexible, soit parce que les attaques de Voltaire contre les choses religieuses étaient trop profondes et trop répétées, soit parce que le poëte avait abdiqué sa qualité et sa dignité de Français en se plaçant au service du roi de Prusse, durant la guerre de sept ans. Les plus remarquables pamphlets de Frédéric II contre la France et ses alliés avaient été retouchés par Voltaire. Louis XV avec sa raison accoutumée disait à la marquise : « Que vos poëtes restent poëtes, sans se mêler des affaires d'État : est-ce que Crébillon, Gentil Bernard, Collardeau et même votre petit Marmontel ne sont pas charmants dans leurs contes, chansons et pièces de théâtre ? »

Le Roi aimait surtout les sociétés intimes ; Choisy ne voyait qu'un petit nombre d'amis de madame la marquise et de Louis XV : le prince de Soubise, le marquis de Chauvelin, le duc de Richelieu, d'Ayen et les dames titrées dont j'ai parlé (2), quelques étrangers conteurs et amusants, et la marquise avait spécialement remarqué l'un d'entre eux, le fameux comte de Saint-Germain.

---

(1) Tel fut le but de l'épître qui finit ainsi : « Rendez Ovide à sa patrie. » (Ovide, c'était lui Voltaire.)
(2) C'étaient la marquise du Roure, les duchesses de Mirepoix, de Grammont, de Luxembourg.

Ce n'était pas ce ministre fantasque et novateur, qui sous Louis XVI bouleversa la discipline et les habitudes de l'armée française (1), mais ce mystique profondément érudit, qui, l'esprit rempli du passé, des générations mortes, et les résumant en lui seul, prétendait avoir vécu dans tous les siècles et avec tous les personnages célèbres. A toutes les époques de fatigue et de scepticisme, une crédulité particulière se rattache à la parole et aux actions de certains personnages hardis qui prophétisent sur les événemens et tirent les horoscopes. Il n'y a jamais dans la société une absence absolue du supernaturalisme; on croit malgré soi au monde des esprits, aux anges ou démons, puissances intermédiaires entre l'homme et Dieu.

L'origine du comte de Saint-Germain était un mystère, il le fallait bien pour donner plus de grandeur, plus de poids à ses paroles. On le disait fils d'un juif Portugais, qui au service d'une grande puissance avait parcouru les deux Indes, le Mogol (2). Quelques-uns entrevoyaient en lui l'agent des sociétés secrètes et mystiques de l'Allemagne. Les plus exaltés disaient encore que le comte de Saint-Germain avait trouvé la pierre

---

(1) Voir mon *Louis XVI.*
(2) Voir le *London Chronicle* du 3 juin 1760 : on le faisait naître en 1710.

philosophale du moyen-âge, le secret de faire de l'or, des diamants, des rubis, des topazes, des émeraudes avec de la cendre et de la poussière. Quoi qu'il en soit, nul ne pouvait nier l'étincelante causerie du comte de Saint-Germain, le prestige qu'il exerçait sur toutes les imaginations et les étonnantes richesses qu'il étalait (1) aux yeux éblouis dans de ravissants coffrets et de petites boîtes en agate, en écaille ; le comte de Saint-Germain avait la plus belle collection de pierres gravées et de tableaux de l'école Flamande, ce qui le rendait très-intéressant pour la marquise de Pompadour, l'artiste éminente à laquelle il avait été présenté par le maréchal de Belle-Isle, issu de cette race des Fouquet, elle-même si hardie, si aventureuse ; un esprit mystique plaît toujours aux femmes parce qu'elles ont de plus vives impressions au récit des légendes et qu'elles espèrent ou craignent davantage : telle était la marquise de Pompadour toujours inquiète sur les sentiments du Roi, sur la somme de tendresse qu'il lui accordait. Elle consultait le comte de Saint-Germain, sinon comme un magicien à la baguette enchantée, au moins comme une de ces intelligences supé-

---

(1) Le comte de Gleichen raconte dans ses Mémoires qu'il rencontra plusieurs fois le comte de Saint-Germain chez le duc de Choiseul.

rieures qui par l'étude des hommes et des situations pressentent l'avenir des âmes. La marquise présenta le comte de Saint-Germain au Roi avec sa grâce accoutumée (1).

Louis XV était trop profondément religieux pour jamais accepter ces fantaisies de croyance en dehors du catéchisme. S'il admit le comte de Saint-Germain dans les grandes intimités de la marquise à Choisy, c'est que la causerie étincelante de l'aventurier lui plaisait, le distrayait. Le Roi écoutait avec un visible intérêt les voyages à travers l'Asie et l'Afrique, les anecdotes pleines de charmes sur les cours de Russie, d'Autriche, les sultans, que M. de Saint-Germain racontait avec esprit. Le comte paraissait mieux informé sur les intimités de chaque cour que les ambassadeurs et les chargés d'affaires du Roi. Habile explorateur à l'étranger, il s'exprimait d'une façon pittoresque, libre et imposante à la fois. « Pour avoir quelque estime des hommes, Sire, disait-il un jour, il faut n'être ni confesseur, ni ministre, ni lieutenant de police... — Comte, reprit Louis XV en l'interrompant, dites encore, ni Roi.... (2). — Savez-vous pourquoi, Sire ? Votre Majesté a-t-elle vu l'épais

---

(1) Voltaire le présente comme un agent de MM. de Kaunitz et de Choiseul. (Lettre au roi de Prusse, 15 avril 1758.)

(2) Cette conversation est rapportée par madame d'Hausset. Manuscrit sur *autographe* publié par Crawfurd.

brouillard qui régnait hier sur Paris ? Eh bien ! le brouillard que les faux amis, les ministres jettent autour du Roi est encore plus épais. »

A cette époque le comte de Saint-Germain réunit la plus belle collection de tableaux de l'école Espagnole ; le premier il en fit connaître la beauté et la valeur. Il donna au cabinet du Roi des toiles de Velasquez et de Murillo d'une admirable couleur. A Choisy, souvent il apportait chez la marquise des boîtes toutes remplies de pierres brillantes et de mille couleurs artistement travaillées. Madame d'Hausset rapporte qu'il les distribuait avec une libéralité fort large, et qu'elle-même reçut une boîte de grand prix des mains du comte.

La marquise de Pompadour et le Roi s'amusaient au souper en écoutant les récits merveilleux du comte de Saint-Germain, qu'accompagnait souvent M. de Silhouette, qui n'était pas seulement un financier hardi, mais encore un esprit voué au merveilleux. Au XVIIIe siècle tous les repas de la journée étaient sacrifiés au souper, charmante réunion aux bougies ; la grossièreté des menus conservés dans les archives royales, nous montre que ces menus n'étaient destinés qu'aux offices et non au Roi et à ses amis (1). D'après les comptes de la

(1) C'est donc à tort qu'on a publié dans les pièces justificatives du journal de Barbier un menu de la table de

marquise de Pompadour elle dépensait 500,000 livres (1) par an pour sa table, ce qui suppose qu'elle y comprenait le souper du Roi et des invités de la cour ; soupers d'un choix exquis, où à travers quelques plats pleins de nouveauté et d'initiative, tels que croquettes de faisans aux truffes, quenelles de saumon aux crevettes, se trouvaient les excellentes et traditionnelles poulardes du Mans farcies à la Périgord, les carpes cuites au vin du Rhin, et les jambons trempés de Madère. Jamais qu'un seul vin n'était servi pour le Roi, le champagne frappé et glacé, cet agréable excitant ; et pour les estomacs froids et maladifs, les vins de Volnay et de Clos-Vougeot ; le Bordeaux mis à la mode par le maréchal de Richelieu était exclu des soupers du Roi, comme nauséabond et indigeste, selon l'avis de Quesnay. Joignez ensuite à la distraction des mets, l'élégance brillante du service, parsemé de riches Sèvres, légers comme la corolle des fleurs, transparents comme le cristal de roche, les lustres, les candélabres, les surtouts peuplés de statuettes (2), les

Louis XV. Cette pièce est simplement un mémoire de cuisine pour les fournisseurs.

(1) Ce que madame de Pompadour dépensa pour ce qu'on appelait *la bouche* est porté dans la dépense générale de son règne à 3,504,500 livres.

(2) Le linge seul de la maison de Crécy est porté pour 60,242 livres.

fleurs, les vases, les parfums, les bougies roses et de mille autres couleurs, les paravents, les girandoles, les cassolettes, les fauteuils, les dessus de portes, les canapés, les tapis, les tentures, les cages, les volières aux brillantes couleurs, tout était d'un fini parfait. Enfin ce qui est tout à fait perdu, la causerie d'hommes de loisir, qui n'ont à penser après les batailles et la gloire, qu'à aimer, à plaire en laissant à travers la vie une longue traînée de fleurs, de joie et de plaisirs.

Ces hommes savaient servir la patrie, mourir pour elle, l'agrandir par la conquête de provinces nouvelles, la féconder par l'invention, la placer toujours au cœur de leur pensée; polis, galants pour les femmes, ils ne formaient pas comme au temps moderne cette collection d'agioteurs, débarbouillés dans la fortune, montrant leurs breloques d'or, leur montre d'or, leur hôtel d'or, sans repos ni trêve; Juifs errant à travers les hommes d'affaires ou d'entreprises, toujours aux inquiétudes, au travail, aux soucis de leur coffre-fort, esclaves affaissés sous le poids de leur richesse.

XXIV

1760-1764.

Ce qu'il avait fallu de peines, de soucis et de douleurs à madame de Pompadour pour conserver sa haute situation, était indicible : elle y avait usé sa santé et sa vie ; jeune femme, elle était déjà languissante, menacée d'épuisement, et les cruelles épigrammes d'un ministre persiffleur avaient signalé les ravages d'un affaiblissement que la marquise combattait en vain (1). Elle éprouva bientôt la plus grande douleur de sa vie. Cette gracieuse fille du nom d'Alexandrine, qu'elle avait eue de M. d'Étioles, mourut subitement à sa onzième année, au couvent de l'Assomption, où on l'élevait avec le plus grand soin.

Les plus hautes destinées étaient réservées à cette jeune fille. Le maréchal de Richelieu avait bien pu dire avec sa fatuité accoutumée qu'il avait refusé, éludé la sollicitation de madame de Pom-

(1) Vilains vers de M. de Maurepas qu'on ne peut rapporter. Les légèretés de cet esprit portèrent le plus grand préjudice à la monarchie, surtout sous Louis XVI.

padour qui lui demandait le duc de Fronsac pour sa fille ; c'était peu vraisemblable, car mademoiselle Alexandrine était promise au jeune duc de Pecquigny, fils du duc de Chaulnes (de la famille de Luynes). Le mariage de mademoiselle d'Étioles, qui avait été comblée des faveurs du Roi, devait se faire dans un an et demi (1) lorsque la mort vint surprendre la jeune fille ; sa mère inconsolable la fit ensevelir au couvent des capucins, ordre pour lequel la marquise avait une profonde vénération : cette femme si élégante avait un indicible respect pour ces religieux, modèles d'abnégation et de misère. Cet ordre entièrement créé pour le peuple, d'une si sublime démocratie qu'il n'avait aucune idée de propriété, était l'objet de ses soins ; elle avait agrandi ses petits jardinets de carottes et de haricots, derrière le château de Bellevue si plein de merveilles (2) ; elle allait souvent visiter leurs cellules et leurs tombes ; elle-même avait choisi sa sépulture dans l'église des capucins ; elle voyait avancer ses jours l'œil fixé sur cette croix des sépulcres couronnée de la fleur virginale de sa fille dans le caveau des capucins.

L'alliance de mademoiselle d'Étioles avec le duc

---

(1) Elle mourut le 5 juin 1754.
(2) Les décorations du château de Bellevue avaient coûté 2,983,947 livres en deux années.

de Pecquigny avait ceci d'important qu'elle rapprochait madame de Pompadour de la Reine dont la duchesse de Luynes était dame d'honneur et d'atours. C'était par elle que se traitaient toutes les petites négociations entre la Reine et la marquise, et je trouve deux autographes très-curieux ; madame de Luynes écrivait à la marquise de Pompadour en termes affectueux et tendres :

« Madame, la Reine me charge de vous dire qu'elle n'a rien contre vous et qu'elle est bien sensible à l'attention que vous avez de lui plaire en toute occasion ; elle a même désiré que je vous le mandasse, et je m'en suis chargée avec plaisir, Madame, connaissant vos sentiments et aimant votre personne et vous me permettrez de vous le dire. *Duchesse de Luynes* (1). »

Madame de Pompadour se hâta de répondre à cette bonne et gracieuse lettre :

« Vous me rendez la vie, Madame, car depuis trois jours, je suis dans une douleur sans égale ; on m'a fait des noirceurs exécrables auprès de M. le Dauphin et de madame la Dauphine ; ils ont assez de bonté pour moi, pour me permettre de prouver la fausseté. On m'a dit qu'on avait aussi indisposé la Reine contre moi. Jugez de

(1) Autographe.

mon désespoir, moi qui donnerais ma vie pour elle; il est certain que plus elle a de bontés pour moi, plus la jalousie sera occupée à me faire mille noirceurs. Croyez, Madame, à tous mes sentiments. *Marquise de Pompadour* (1). »

Quelque temps après la mort de sa fille, encore dans la plénitude de sa beauté et de la vie, la marquise de Pompadour fit son premier testament. Cet acte supposait, sinon une force d'âme exceptionnelle chez une jeune femme, au moins des pensées graves, calmes, et ce testament fait contraste aux plaisirs, aux fêtes, aux comédies de Choisy. La même main qui tressait des fleurs et pomponnait des rubans écrivit l'acte solennel de ses dernières dispositions.

« Au nom du Père, du Fils et du Saint-Esprit : Jeanne Poisson, marquise de Pompadour, épouse séparée de biens de Charles Lenormand d'Étioles, ai fait et écrit mon testament. Je recommande mon âme à Dieu, et le prie d'avoir pitié de moi et de me pardonner mes péchés, espérant apaiser sa justice par les mérites du corps et du sang de Notre-Seigneur.

« Je désire que mon corps soit enterré aux capucins de la place Vendôme à Paris, dans le

---

(1) Autographe.

tombeau que je me suis choisi, et cet ensevelissement se fera sans pompe, sans cérémonie (1).

« Je supplie le Roi d'accepter le don que je lui fais de mon hôtel à Paris; je désirerais qu'il fût destiné à M. le comte de Provence. Je prie encore Sa Majesté d'accepter mes pierres gravées par Leguay, sept bracelets, bagues, cachets pour augmenter son cabinet de pierres fines gravées. Je constitue pour héritier universel, mon frère le marquis de Marigny.

« Je nomme pour mon exécuteur testamentaire le prince de Soubise; quelqu'affligeante que soit pour lui cette commission, il doit la regarder comme une preuve certaine de la confiance que sa probité m'inspire : pour lui je le prie d'accepter deux bagues, l'une de mon gros diamant, couleur d'algue marine, l'autre d'une émeraude gravée par Leguay, représentant l'Amitié; j'ose espérer qu'il ne s'en défera jamais; elle lui rappellera la personne au monde qui a eu pour lui la plus profonde estime et la plus vive amitié. Fait à Choisy, 17 novembre 1757. »

Quand la marquise de Pompadour traçait de sa main ces lignes graves et touchantes, elle n'avait pas, je le répète, encore 35 ans. Le prince de Sou-

---

(1) Autographe. (Pièces authentiques de madame de Pompadour.)

bise se plaisait à raconter que la marquise lui remit ce premier testament le soir après un de ces soupers du Roi, dans lequel son esprit avait brillé de tout son éclat; jamais madame de Pompadour ne se sépara un seul jour de ses préoccupations sérieuses. A mesure même qu'elle avançait dans la vie, elle dut mettre plus de soins à ses atours pour cacher les ravages du temps : elle inventa ces riens d'un goût si parfait dans les ajustements, cette toilette si pleine de futilités charmantes qui justement a retenu son nom. Meubles, glaces, trumeaux, tentures, tout fut fait à la Pompadour. Artiste éminente, elle passait ses heures à voir, à recueillir les plus belles productions de toutes les écoles ; elle savait bien ajuster sur un tout, même frivole, ce qui est la première qualité de l'artiste.

Autour d'elle et de son frère le marquis de Marigny se groupaient toujours les artistes jeunes et vieux. Elle commandait à Vernet les belles marines que le peintre dédiait ensuite au marquis de Marigny. Après avoir aimé Boucher, elle tendit la main à Vien, l'artiste aux lignes droites et pures, telles que les comprenaient les anciens, ces groupes ou chœurs des Muses, ces bacchanales si parfaites, au milieu des pampres et des lierres des Villa romaines. L'artiste de prédilection des derniers temps de madame de Pompadour, ce fut Pigalle(1), le statuaire qui dut sa vie artistique à la marquise; pauvre fils d'un menuisier, il avait été placé sous le nom de Jean-Baptiste chez le sculpteur Lorrain, qui le renvoya comme incapable de toute correction dans le dessin. Heureusement que le père de Jean-Baptiste avait fait les splendides menuiseries de Choisy, et madame de Pompadour prit en amitié son fils, qui voyagea en Italie, aux frais de sa noble protectrice. A son retour, il exécuta pour la marquise son *Mercure* et la *Vierge des Invalides*, et enfin pour Bellevue le groupe de *l'Amour et de l'Amitié* et la belle statue en pied de madame de Pompadour. Ses chefs-d'œuvre, *Mercure* et *Vénus* furent destinés par le roi Louis XV à Frédéric de Prusse après la paix de 1763.

Pigalle travailla vingt ans pour le tombeau du maréchal de Saxe commandé par le Roi (2), morceau d'une belle invention, mais exécuté avec cette froideur qui se ressent de la religion du maréchal. Le marbre pour s'animer a besoin de l'idée catholique ou païenne; les huguenots n'inspirent rien en dehors des psaumes et du prêche. A la mort de Bouchardon, Pigalle reçut le cordon

(1) Pigalle était né en 1714.
(2) Il fut commencé en 1758.

de Saint-Michel avec le legs d'achever dans les beaux ateliers du Roule, la statue équestre de Louis XV, que les échevins de Paris destinaient à la place de ce nom, au milieu des récentes merveilles ordonnées par la marquise. La statue élevée sur un groupe admirable fut saluée de mille acclamations : madame de Pompadour fut heureuse de ce que Pigalle avait donné à la figure du Roi le sentiment de la bonté et de la clémence. Tandis que d'odieux pamphlétaires jetaient dans de tristes vers la calomnie sur le prince qui honorait et élevait la France (1), les artistes reconnaissants saluaient l'œuvre de Pigalle. Les écrivains de pamphlets insultent tout ce qui représente l'autorité. Toutes les époques sont ainsi faites, et le XVIIIe siècle n'a pas dit son dernier mot sur la calomnie.

C'est à cette dernière époque de sa vie que madame de Pompadour réunit et collectionna les objets d'art de sa bibliothèque et de son cabinet. Elle avait déjà les plus belles pierres gravées antiques et modernes. Elle-même fit imprimer les œuvres de quelques poëtes avec de magnifiques caractères splendidement reliés et si rares aujour-

---

(1) Ces vers odieux, je les ai déjà rapportés dans mon *Louis XV* :

Grotesque monument, infâme piédestal,
Les Vertus sont à pied, le Vice est à cheval.

d'hui. Ces belles impressions encadrées d'ornements, parsemées de fleurons, de culs de lampe, de lettres ornées et de gravures fines, ont retenu le nom d'éditions Pompadour (1); à cette dernière époque la marquise avait pris le goût des monuments de l'antiquité, des manuscrits grecs, des papyrus d'Égypte. Elle fonda les chaires orientales à la Bibliothèque du Roi; elle fit compléter les *Mille et une nuits*, tandis que par ses ordres Anquetil du Perron commençait l'impression du *Zend-Avesta*, livre sacré des Perses. Chaque mercredi, les gardes des manuscrits de la Bibliothèque royale étaient reçus par la marquise à Choisy, avec une distinction particulière, pour lui faire connaître les acquisitions qu'on pourrait faire dans l'intérêt de la science.

La marquise de Pompadour devenait plus souffrante et cachait toutes ses douleurs au Roi. Elle avait cet héroïsme qui sait dérober à la personne aimée tout ce qui pourrait l'attrister, l'inquiéter. Au mois de mars 1764, son état devint alarmant; elle s'en ouvrit à son plus noble ami, le prince de Soubise, et fit venir près d'elle le curé de sa paroisse. Le 13 avril, elle eut à peine la force de dicter un codicille pour ajouter à son premier tes-

(1) On les a payées jusqu'à 150 francs le volume. La collection complète est introuvable.

tament, comme la dernière pensée qu'elle jetait au monde.

« Ma volonté est de donner aux personnes ci-dessous, comme pour les faire souvenir de moi qui les ai aimés : à madame du Roure, le portrait de ma pauvre fille morte, à madame de Mirepoix, ma montre garnie de diamants et une boîte avec portrait du Roi, à madame de Grammont une boîte avec papillon de diamants, à M. de Choiseul une bague en diamants, à M. de Soubise une bague avec une pierre gravée représentant l'Amitié : depuis vingt ans que je le connais, c'est son portrait et le mien. Ce codicille, je le fais écrire par Collet et n'ai pas même la force de le signer (1). »
Pas un seul jour la marquise n'oublia le noble prince de Soubise.

La voilà donc au lit de mort, cette femme naguère si ravissante, la belle chasseresse de la forêt de Sénart, la souveraine des artistes ; la voilà où nous allons tous : à la tombe. Calme et sereine dans ses souffrances, elle se laisse dominer par un seul sentiment, l'amitié. Oui, c'est ce sentiment qu'elle a eu pour le roi Louis XV, et qu'elle a voulu lui inspirer. Elle le conserve dans sa nature épurée, même à ses derniers instants. La

(1) Autographe.

veille de sa mort, elle fit appeler le curé de la paroisse de son hôtel à Paris (cette paroisse s'appelait déjà la Madeleine), et madame de Pompadour avait fait dessiner elle-même cette belle façade comme elle avait commandé à Soufflot l'église de Sainte-Geneviève. Le curé de la Madeleine prenait congé d'elle, lorsqu'elle lui adressa ces paroles : « Attendez un moment, monsieur le curé, nous nous en irons ensemble. » Et peu après avoir prononcé ces paroles si calmes, elle expira (15 avril 1764) ; elle avait alors 42 ans et avait passé vingt années auprès du Roi, à Versailles ou dans ses voyages. Il a été dit, pour calomnier le cœur du Roi, que Louis XV montra une grande indifférence à la mort de son amie, car le corps de la marquise fut transporté sans pompe à son hôtel à Paris, sans que le Roi profondément égoïste vînt la voir ou l'accompagner de deuil ou de pleurs.

D'abord, la marquise de Pompadour elle-même, dans son testament, avait formellement demandé d'être enterrée sans pompe avec le convoi du pauvre, c'est-à-dire portée par les capucins ; avant sa mort, elle s'était fait revêtir de l'habit du tiers-ordre, tout de bure, avec le gros chapelet de l'ordre de Saint-François sur sa ceinture, une croix de bois sur sa poitrine ; et c'est ainsi qu'elle fut enterrée, selon sa volonté, dans un caveau du couvent des capucins de la place Vendôme. Qui a pénétré jusqu'au cœur du Roi, pour dire qu'il la vit passer avec indifférence, qui le certifie? Louis XV (1) n'avait pas sur la mort des idées vulgaires; philosophe chrétien, il la contemplait sans pâlir; cœur blasé sur la vie, il se complaisait avec de sombres images; catholique fervent, il croyait à la résurrection de la chair, à la vie éternelle; et ces convictions ne font pas de la mort la même cruelle image que pour l'impie. A présent que les temps s'éloignent, il sera plus facile de porter un jugement impartial. Telle fut la marquise de Pompadour, cette artiste éminente qui a laissé après elle des témoignages splendides de son amour pour tout ce qui élevait l'intelligence. Elle eut un véritable enthousiasme pour les études sérieuses, une force considérable de jugement même pour les affaires. A son merveilleux cabinet de tableaux et de pierres gravées, elle joignit une magnifique bibliothèque, qui passa par legs au marquis de Marigny (créé depuis marquis de Ménars).

Indépendamment de son portrait au pastel, par Latour (2), tendre et un peu incertain de couleur,

(1) Voyez mon travail sur *Louis XV*.
(2) Ce portrait est au musée du Louvre.

comme tous les pastels, il existe plusieurs autres portraits de la marquise. Un des remarquables est un médaillon de Leguay, entouré de roses pompons que des Amours soutiennent comme les gracieux supports d'un blason. Le portrait de la marquise, peint en 1760 par Boucher (1), n'est pas bien réussi, et le burin de Cochin, un peu trop sérieux, n'a pu effiler des traits un peu vulgaires. Au bas de ce portrait, Marmontel avait écrit ce charmant quatrain :

> A voir des traits si doux l'Amour en la formant
> Lui fit un cœur si vrai, si tendre, si fidèle,
>   Que l'Amitié crut bonnement
>   Qu'il la faisait exprès pour elle (2).

En effet, un caractère de bonté particulier, une constance infinie dans les amitiés, telles étaient les qualités auxquelles aspirait spécialement la marquise de Pompadour et qui avaient captivé le cœur du Roi : Carle Vanloo avait voulu la reproduire sous les traits de la belle jardinière, peinture destinée au château de Bellevue; la figure est grosse, ridiculement ornée. Il y a bien plus de grâces dans le médaillon dessiné par Queverdo et peint par Nattier un peu après la mort de la mar-

(1) Musée de Versailles.
(2) Collection des gravures. (Bibliothèque Impériale.)

quise de Pompadour. La tête est entourée de cyprès ; les Amours et les Grâces éteignent leurs flambeaux, comme pour pleurer la femme de cœur et d'esprit que le tombeau vient d'engloutir.

> Une beauté non loin des noirs cyprès,
> Et le flambeau qu'hélas ! on voit s'éteindre,
> D'aimables fleurs se flétrissant auprès,
> Disent assez qui l'on a voulu peindre (1).

A côté de ces éloges (de ces flatteries peut-être) qui survivaient à la mort, se firent également entendre des calomnies atroces, et je ne rapporterai pas les infâmes comparaisons, les sales jeux de mots, les résumés orduriers de la vie de la marquise (2), tels que les a conservés le recueil Maurepas, résumé des noëls et des pamphlets du temps. A cette époque d'oisiveté et de médisance, on vivait un peu de gros mots, d'épigrammes. On se vengeait par un couplet de l'autorité du fort, et loin que la mort amoindrît les haines, souvent elle les mettait à l'aise en les délivrant des craintes que la puissance vivante inspirait. Dans la marche des temps, l'histoire vulgaire a accepté comme la vérité les jugements atroces portés par des ennemis, et c'est ce qui a justifié, autorisé cette épithète de *la Pompadour*, jetée à une femme

---

(1) Bibliothèque Impériale. (Collection des gravures.)
(2) Je les ai donnés dans mon *Maréchal de Richelieu*, auquel on les attribue.

d'un caractère si élevé, comme s'il s'agissait d'une courtisane.

Une artiste si éminente, une personne si mêlée aux affaires publiques de son temps, aurait dû laisser, ce me semble, beaucoup de lettres, et cependant rien de plus rare que les vrais autographes de la marquise de Pompadour. Il en existe quelques-uns dans des recueils de Noailles, de Maurepas, déposés aux Bibliothèques publiques ; ils sont en général peu intéressants et d'un style embarrassé. Madame de Pompadour n'avait pas le grand art d'écrire, ses phrases se répètent. Comme la marquise sent beaucoup, elle craint que les autres ne sentent pas aussi profondément qu'elle, et de là des idées et des mots qui reviennent les mêmes sous sa plume, comme si elle voulait les graver dans la pensée par le burin. Il a été publié plusieurs recueils pseudonymes qui portent pour titre, *Lettres de la marquise de Pompadour*, recueils deux fois réimprimés à Londres et à Paris (1). On avait d'abord attribué ces lettres ingénieusement fausses à la plume facile de Crébillon fils, l'ami, le commensal de Choisy. Depuis elles ont été rendues à son véritable auteur, le marquis de Marbois, alors attaché à l'ambassade de Londres,

(1) Londres, 1765. — Paris, 1767.

depuis nommé gouverneur à Saint-Domingue, et qui après avoir traversé la Révolution est parvenu jusqu'à nous.

Étrange destinée des choses et des hommes, nous l'avons tous connu grave vieillard, président de la cour des comptes, le marquis de Marbois, à la figure austère, l'ami du marquis de Barthélemy, également débris avec le comte d'Hauterive, de la société du duc de Choiseul. A l'aspect de ce vieillard, qui aurait jamais cru qu'il était l'auteur des lettres de la marquise? lettres légères et spirituelles, toutes dans le caractère et les sentiments de madame de Pompadour, enthousiaste de nos victoires, triste de nos défaites ; elle se montre loyale et sincère envers tout ce qui fut grand et noble. Ces lettres constatent que nul ne doutait de la bonté de la marquise et même de ses sentiments. M. de Marbois en a rendu le meilleur témoignage, car c'est après la mort de madame de Pompadour qu'il a publié ces lettres. Il n'a donc pas fait acte de courtisan. La marquise n'était pas un bel esprit, une de ces femmes de littérature qui ne vivent que dans leurs petits billets, elle les écrivait même fort mal, un peu alambiqués et sans minauderie. M. de Marbois, jeune homme alors de 26 ans, longtemps secrétaire de M. de Castries et précepteur de ses enfants, a pu connaître l'esprit et les émotions de madame de Pompadour, mais il n'a pas publié ses lettres, je le répète, presque toutes insignifiantes et en très-petit nombre.

La marquise de Pompadour ne fut qu'artiste ; elle aima la littérature, la protégea souvent, mais elle n'eut aucune des conditions de la femme de lettres. Si elle se forma une admirable bibliothèque, ce fut par ce goût de collectionner qu'elle apportait en toutes choses. Après sa mort, arrivée en l'année 1764, les frères d'Hérissant (1), imprimeurs du cabinet du Roi, publièrent un volume sous ce titre : *Catalogue des livres de la bibliothèque de feue madame la marquise de Pompadour, dame du palais de la Reine ;* rédigé avec un soin extrême, il se compose de 3826 articles. La théologie et la philosophie y tiennent un fort large rayon ; les scolastiques, les polémistes, les mystiques y sont placés à côté des méthaphysistes ; la marquise s'était toujours fort occupée des affaires de l'Église. La question des sacrements était à l'ordre du jour, et la bulle *Unigenitus* occupait tous les esprits. On y aperçoit également un goût pour l'économie politique, le commerce, la richesse des nations ; plus de 150 articles y sont consacrés dans ce Catalogue.

(1) On fait un grand cas parmi les bibliographes des catalogues des frères d'Hérissant, les dignes émules de Débure.

Toutefois, l'esprit de la femme avide de lectures attrayantes se montre presque aussitôt, et le Catalogue de la bibliothèque de madame de Pompadour offrait le plus curieux recueil de pièces du théâtre Français pour servir à son histoire depuis la première période des frères de la confrérie de la Passion jusqu'à Jodelle. La seconde période comprenait jusqu'à Garnier. La troisième jusqu'à Hardi et de celui-ci jusqu'au grand Corneille. Collection complète d'une richesse, d'une abondance incomparable. A la suite des pièces étaient les opéras et les ballets rangés par ordre jusqu'à Louis XV (1).

Indépendamment des grandes collections sur l'histoire de France; Duchesne, la *Gallia Christiana*, madame de Pompadour possédait 150 volumes de pièces détachées et une belle collection alors fort rare des épopées chevaleresques sur Charlemagne et Roncevaux, sur la Table Ronde, ses lectures favorites : elle aimait et recevait à Choisy MM. Lacurne de Ste-Palaye, Foncemagne ; elle avait pris sous sa protection spéciale un tout jeune homme que M. de Choiseul lui avait présenté : c'était Dacier, secrétaire de M. de Foncemagne,

---

(1) La vente de la bibliothèque et du cabinet de madame de Pompadour fut presque un événement dans le monde artistique.

jeune érudit, fort élégant de formes, un des débris encore de la société Choiseul.

La vente de la bibliothèque de madame de Pompadour dura plus de six mois, et cette riche collection fut dispersée entre les particuliers curieux de si beaux livres et les dépôts des monastères de Sainte-Geneviève, Saint-Germain-des-Prés et l'Auxerrois. Quelques-uns avec les objets d'art passèrent au marquis de Marigny et de Ménars.

M. de Marigny mourut en 1781; il fut fait une vente publique des objets de ce cabinet : le catalogue de la vente est rare (1) d'érudition, comme celui de la bibliothèque de la marquise. Les vrais exemplaires sont précédés du portrait de M. de Ménars; le catalogue contient 146 tableaux de grands maîtres des écoles Flamande, Vénitienne, Française, Espagnole, 125 morceaux de sculpture, 57 articles bronze, 125 dessins de maîtres, 26 gravures du premier ordre sans comprendre les 68 planches gravées par madame de Pompadour.

C'est par l'étude de tous ces côtés divers de la vie de la marquise de Pompadour, que j'ai cherché à reproduire cette gracieuse physionomie historique qui se rattache à vingt années du règne

(1) Voici le titre du catalogue : « Catalogue de divers objets de curiosité dans les arts, qui composent le cabinet de feu M. le marquis de Ménars, dont la vente se fera vers la fin de février 1782, par Bazan et Tulon. »

de Louis XV ; on l'avait jugée jusqu'ici par les pamphlets. Les artistes au cœur d'or seuls par instinct, l'avaient comprise, aimée et respectée ; mais nous, gens de lettres, armés de nos vertus sévères, nous l'avions foudroyée du haut de nos dédains. Ceux qui admirent parfaitement la Révolution Française dévorant sept milliards d'assignats, et pourquoi ? ne peuvent pardonner à la marquise de Pompadour d'avoir dépensé quelques millions en objets d'art, en générosités envers les artistes, d'avoir créé à elle seule, un genre d'élégance qui a retenu son nom.

Comment ne pas baisser la tête devant les si grands historiens qui ont détrôné La Pompadour ? Les uns jugent les Empereurs, les Rois et les Nations, les font comparaître à leur terrible tribunal, pour les foudroyer du haut de leur petite croisée dans quelques jardinets des faubourgs de Paris ; les autres tracent des plans de campagne, et montés sur leur cheval caparaçonné, une plume au chapeau, rectifient les victoires et les plus belles campagnes ; d'autres encore ont des tendresses philosophiques et humanitaires si fécondes qu'elles mènent les peuples aux ateliers nationaux ; les autres encore gardent des petites rancunes universitaires et jansénistes et ils écrasent du haut des lumières de la civilisation des temps qui avaient le malheur d'aimer Dieu, de croire dans le pouvoir et de respecter l'autorité autrement que par la crainte. Nos vieilles époques eurent leur gloire. Elles ont encore leur charme, comme un noël qu'on écoute, comme un beau groupe de Nymphes par Coustou qu'on admire, bien plus que ces noires statues d'esclaves révoltés qui, le glaive à la main, semblent menacer le patriciat de Rome et un peu ceux-là mêmes qui les caressent et les exaltent dans leurs écrits (1).

(1) A la page 208, quand je parle du savant et impartial Barbier, il ne s'agit pas de l'auteur du journal, mais du bibliothécaire si profondément érudit.

FIN.

TABLE DES MATIÈRES.

	Pages.

I
La cour de Louis XV. — L'esprit gentilhomme à Fontenoy (1740-1745). 1

II
Les maîtresses de Louis XV (1745). 12

III
Les forêts et chasses royales (1745). 20

IV
Les financiers. — Les origines de madame de Pompadour (1745). 28

V
Le château d'Étioles et le château de Choisy-le-Roi. 39

VI
La faveur de madame de Pompadour. — Les gens de lettres. 49

VII
La vie gentilhomme au xviiie siècle. 60

VIII
Madame de Pompadour artiste (1750). 72

IX
Madame de Pompadour et Latude (1750-1751). . . 86

X
Le théâtre de Choisy-le-Roi (1750-1751). 97

La politique extérieure du roi Louis XV (1751-1752). 108

La manufacture de Sèvres (1751-1752). . . . 119

	Pages.
XIII	
Préparation de l'alliance de 1756 (1752-1756).	130
XIV	
Madame de Pompadour et les Parlements (1750-1756).	145
XV	
La diplomatie et la guerre de 1756.	162
XVI	
Tentative d'assassinat du Roi par Damiens (1757).	172
XVII	
Les finances sous madame de Pompadour.	185
XVIII	
Les Encyclopédistes.	194
XIX	
Le Parc aux Cerfs.	205
XX	
Malheurs de la guerre. — Grandeur des arts, embellissements de Paris.	220
XXI	
Expulsion des Jésuites (1762).	235
XXII	
Signature de la paix (1763).	247
XXIII	
Distractions du roi.	258
XXIV	
Maladie, testament et mort de madame de Pompadour (1764).	273

FIN DE LA TABLE DES MATIÈRES.

Coulommiers. — Imprimerie de A. MOUSSIN.

www.ingramcontent.com/pod-product-compliance
Lightning Source LLC
Chambersburg PA
CBHW071128160426
43196CB00011B/1832